Die Kunst der Bewerbung

Dominique Lambert

Herstellung und Verlag:
BoD-Books on Demand, Norderstedt
ISBN: 978-3-7357-9451-2

Inhaltsverzeichnis

1. **Vorwort** 4
2. **Das Jobprofil** 8
   - 2.1 Orientierungsfragen zum Jobprofil 10
3. **Unternehmen & Jobs finden** 22
   - 3.1 Berufsmessen 24
   - 3.2 Online-Jobbörsen 27
   - 3.3 Xing & LinkedIn 29
4. **Curriculum Vitae** 35
   - 4.1 Der tabellarische Lebenslauf (Standard) ... 43
   - 4.2 Der „internationalisierte" Lebenslauf 44
5. **Das Anschreiben** 48
   - 5.1 Zentrale Fragestellungen 50
     - 5.1.1 Was möchten Sie? 51
     - 5.1.2 Was möchte das Unternehmen? 52
     - 5.1.3 Passen Sie zusammen? 55
   - 5.2 Die goldenen Regeln des Anschreibens 58
6. **Verfassen des Anschreibens** 63
   - 6.1 Nachkontrolle 76
     - 6.1.1 „Sonderfall" Initiativbewerbung 79
   - 6.2 Motivationsschreiben 80
7. **Das Bewerbungsgespräch** 86
   - 7.1 Vorbereitung des Gesprächs 89
   - 7.2 Beginn des Gesprächs 91

7.3	Grundregeln der Gesprächsführung	92
7.4	Fragen an den Bewerber	93
7.5	Interaktion	105
7.6	Einstellungstests	110
7.7	Gesprächsabschluss und Nachbearbeitung	113

8 Bleiben Sie aktiv 118

| 8.1 | Umgang mit Absagen | 119 |
| 8.2 | Was man vom Bewerbungsprozess lernt | 120 |

9 Gehaltsverhandlungen 130

10 Der erste Arbeitstag 137

11 Fazit 141

12 Vorlagen 144

1   Vorwort

Dieses Buch richtet sich an Akademiker und Menschen mit Berufserfahrung sowie Berufseinsteiger und beleuchtet begründend die komplette Wertschöpfungskette der Bewerbungslogik. Egal, ob Sie einen Karrierewechsel anstreben oder gerade die Ausbildung abgeschlossen haben: Hier finden Sie Anregungen, Tipps, Tricks und Vorlagen für Anschreiben, Motivationsschreiben und Bewerbungsgespräche, die Sie in Ihrer beruflichen Orientierung bzw. in Ihrem beruflichen Werdegang nutzen können.

Nach diesem Buch werden Sie in der Lage sein...

- ➢ Die „Bewerbungslogik" zu verstehen
- ➢ berufliche Wünsche zu konkretisieren
- ➢ personalisierte Stellenangebote zu finden
- ➢ potenzielle Arbeitgeber zu recherchieren
- ➢ von Unternehmen „gefunden" zu werden
- ➢ den optimalen Lebenslauf zu schreiben
- ➢ das passende Anschreiben zu erstellen
- ➢ ein Motivationsschreiben zu verfassen

- ➤ sich auf Interviews vorzubereiten
- ➤ beim Jobinterview zu punkten
- ➤ sich rundum professionell zu präsentieren

Wenn Sie sich für ein bestimmtes Kapitel interessieren, können Sie dieses unabhängig von den anderen lesen. Ansonsten lesen Sie einfach das ganze Buch. Es beschreibt einen Prozess, der Sie für Berufsorientierungs- und Bewerbungsprozesse fit machen wird. Sie lernen, ein Profil von sich zu entwickeln, die geeigneten Jobs zu suchen und eine gelungene Bewerbung zu schreiben. Aufgrund der Tatsache, dass dieses Buch nicht branchenspezifisch orientiert ist, kann es keinen Anspruch auf allgemeine Gültigkeit erheben; Branchenunterschiede können daher nicht hinreichend berücksichtigt werden. Nichtsdestotrotz ist dieses Buch nicht nur als Anleitung zu verstehen, sondern vermittelt auch Sinn und Zweck sowie die verschiedenen Möglichkeiten der einzelnen Bewerbungsschritte. Es führt Sie ein in die *Kunst der Bewerbung*. Ich freue mich indessen über Ihren Kontakt, Kritik, Anregungen und Feedback. Vorlagen für Lebensläufe kann ich Ihnen gerne zusenden – Sie finden ebenso im Internet zahlreiche.

Je besser Sie sich selber kennen und wissen, was Sie (langfristig) erreichen möchten, je gezielter Sie darstellen und begründen, worin Ihre Kompetenzen und Schwerpunkte liegen, je glaubhafter Sie mündlich und schriftlich vermitteln, welche Mehrwerte Sie einem Unternehmen bringen und welches Lernpotenzial Sie haben, desto glücklicher und erfolgreicher werden Sie bei der Jobsuche und in Ihrem gesamten Berufsleben sein. Dieser Grundüberzeugung ist *Die Kunst der Bewerbung* gewidmet.

Über den Autor
Dominique Lambert ist selbstständiger Unternehmensberater und Business Development Manager für verschiedene Auftraggeber. Er hat Philosophie, Marketing, Kommunikationswissenschaft und Sozialunternehmertum in Düsseldorf, Berlin und London studiert und mit einem Master of Arts abgeschlossen. Lambert hat für international agierende Unternehmen als Kommunikationstrainer, Recruitment Coordinator und Personalberater gearbeitet und war außerdem in der Mitarbeiterschulung tätig.

Neben der Mitgründung einer von der UNESCO ausgezeichneten Non-Profit-Organisation unterstützt er seit Jahren verschiedene Personengruppen dabei, sich beruflich zu entwickeln, hilft bei der Erstellung von Bewerbungsschreiben, Lebensläufen und nutzt seine berufliche Erfahrung in der Kommunikationsbranche und der Personalrekrutierung, um Interessenten optimal auf Bewerbungsgespräche vorzubereiten. Dieses Buch ist die Zusammenfassung seiner Erfahrung und repräsentiert seine Einschätzung des Bewerbungsmarktes.

2 Das Jobprofil

Dieses Kapitel ist für alle gedacht, die noch keine konkrete Vorstellung davon haben, für welchen Beruf sie qualifiziert sind bzw. in welche berufliche Richtung sie sich entwickeln möchten. Ebenso kann es jenen helfen, die noch einmal „überprüfen" wollen, ob die jetzige bzw. angestrebte berufliche Situation den eigenen Anforderungen, Zielen und Wünschen entspricht. Ich möchte in diesem Kapitel ein paar Fragen und Methoden vorstellen, durch die man sich ein sogenanntes Jobprofil erstellen kann. So ergibt sich ein sinnvoller Überblick über die eigenen Wünsche, Kompetenzen und Motivationen. Das Jobprofil ist die Basis, um herauszufinden, wie Sie sich beruflich orientieren bzw. entwickeln möchten und bietet diverse Vorteile, zum Beispiel:

➢ mehr Erfolg durch gezieltere Jobsuche
➢ mehr Erfolg durch positives „Matching"
➢ mehr Erfolg durch Selbsterkenntnis
➢ mehr Erfolg durch „Selbstvermarktung"
➢ mehr Erfolg durch langfristige Orientierung

Es liegt auf der Hand – wenn Sie wissen, *was* Sie suchen und *warum* Sie dies suchen, können Sie sich der Frage zuwenden, *wo* Sie etwas suchen – das schafft die Abgrenzung zur „breiten Masse" der Bewerber, die orientierungs- und strategielos durch den „Bewerbungsdschungel" wandern. Um ein Jobprofil zu erstellen, müssen Sie sich Zeit nehmen – denn es ist die Basis Ihres beruflichen Werdegangs. Bereits der französische Philosoph Michel de Montaigne wusste:

„Kein Wind ist demjenigen günstig, der nicht weiß, wohin er segeln will."

Das „wohin" kann man hier auf zweierlei Weisen verstehen – nämlich bezogen auf die *Richtung* und bezogen auf das *Ziel*. Das Jobprofil gibt Ihnen zunächst eine *Richtung* vor. Je öfter Sie sich damit auseinandersetzen, desto genauer wird diese – und hilft bei der Zielfindung. Bitte beachten Sie, dass es sich um einen *iterativen* Prozess handelt.

Sie sollten Ihr Jobprofil regelmäßig überarbeiten, denn „berufliche" Entwicklung muss schließlich nicht immer bedeuten, das Unternehmen zu wechseln, sondern kann auch eine Entwicklung innerhalb eines Unternehmens bezeichnen.

2.1 Orientierungsfragen zum Jobprofil

Legen Sie sich zunächst eine Word-Datei für folgende Fragen an. Speichern Sie nachher die bearbeitete Version unter einem anderen Namen ab, so gibt es immer die Möglichkeit, in gewissen zeitlichen Abständen Ihr Jobprofil zu erneuern. Das hält Sie erstens auf dem aktuellen Stand und kann zweitens Entwicklungstendenzen anzeigen, die für Ihren beruflichen Werdegang entscheidend sein können. Starten können Sie zum Beispiel – bitte jeweils in Stichpunktform – mit der Beantwortung der folgenden Fragen:

- Wie würden Sie ihr jetziges (bzw. letztes) Berufsverhältnis beschreiben?
- Welche Position haben Sie inne?
- Welche Aufgaben- und Kompetenzbereiche verantworten Sie?

- Worin besteht Ihr „Daily-Business"?
- In welche Projekte sind Sie involviert?
- Welche (quantifizierbaren) Erwartungen werden an Sie gestellt?
- Was sind die „harten Fakten" (Gehalt, Teamgröße, Arbeitszeit…)?
- Welche dieser „harten Fakten" sind Ihnen besonders wichtig?
- Welche Aufgabenbereiche mögen Sie, welche nicht?
- Was würden Sie gerne verändern?

Basierend auf dem, was Sie bisher geleistet haben, lässt sich ableiten, was Ihnen liegt und womit Sie Schwierigkeiten haben. Abgesehen davon, dass Ihre Erfahrungen Ihre Interessen – zumindest zu einem gewissen Teil – repräsentieren sollten, bilden diese die Grundlage zur Analyse der Stärken und Schwächen. Zu deren Analyse, gerade im Bereich der Softskills, können Sie Arbeitszeugnisse heranziehen, Freunde und Kollegen fragen und nicht zuletzt sich selber hinterfragen und beobachten – seien Sie hier unbedingt ehrlich zu sich, nur dann ist die Erstellung eines Jobprofils auch sinnvoll.

Soft- und Hardskills

Grundsätzlich bezeichnen Softskills die Eigenschaften und Fähigkeiten, wie (gehaltvoll) Sie mit anderen Menschen kommunizieren, welche Arbeits- und Kooperationsmethoden Sie besonders schätzen und wie Sie sich gegenüber anderen Menschen verhalten, kurz: Die Softskills beschreiben, „was für ein Mensch Sie sind". Die „Hardskills" hingegen sind von Natur aus leichter darzustellen, denn es handelt sich um Fähigkeiten, die Sie *nachweislich* erworben haben, zum Beispiel während einer Aus- oder Fortbildung oder durch praktische Erfahrungen. Die Softskills sind also tendenziell *subjektiv*, die Hardskills *objektiv*.

Hardskills sind objektiv nachvollziehbar, wohingegen Softskills das Ergebnis einer subjektiven (fremden) Einschätzung oder Beurteilung sind.

Bei den Hardskills geht es also darum, wie lange und wie gut man zum Beispiel eine bestimmte Software beherrscht, welche Abschlüsse man erworben hat etc.

Die Softskills umfassen vor allem persönliche Eigenschaften – eine Möglichkeit, diese zu kategorisieren, wird hier dargestellt:

- Kommunikations- & Präsentationsfähigkeiten
- Führungskompetenz & Vertrauenswürdigkeit
- Organisationsfähigkeit & Urteilsvermögen
- Charisma & Empathie
- Verhandlungsgeschick & Flexibilität
- Belastbarkeit & Selbstdisziplin
- Analytische Kompetenz & Gewissenhaftigkeit
- Engagement & Einsatzbereitschaft
- Teamfähigkeit & Aufgeschlossenheit
- Kritik- und Konfliktfähigkeit
- Durchsetzungsvermögen
- Neugierde

Sortieren Sie die Hardskills thematisch und „bündeln" Sie diese in kleinere Pakete, um eine Übersicht zu schaffen. Konzentrieren Sie sich bei den Softskills hingegen auf diejenigen, die am wichtigsten sind. Konkret heißt das, sich die 3-5 stärksten Softskills auszusuchen, die Ihnen „attestiert" werden und welche Sie nachweisen können. Ihre eigene Meinung zählt zwar, aber es sind vor allem Fremdeinschätzung und „belegbare" Eigenschaften bzw. Skills, auf die Sie sich hier fokussieren sollten.

Erklären Sie Ihre Stärken anhand des bisherigen Werdegangs. Begegnen Sie den Schwächen durch „Gegenmaßnahmen".

Nachdem Sie also nun Ihre Erfahrungen, Eigenschaften bzw. „grundsätzlichen" Skills dargestellt haben, konzentrieren Sie sich im Folgenden darauf, was Sie in vergangener Zeit gelernt haben bzw. was Sie lernen möchten und wofür Sie sich interessieren. Folgende Fragestellungen können Ihnen hier Orientierung bieten:

➢ Haben Sie Fortbildungen / Kurse besucht?
➢ Haben Sie neue Fähigkeiten erworben?
➢ Interessieren Sie sich für weitere Fachbereiche?

Der Grund für Fragen solcher Art ist offensichtlich: Neben dem Status Quo erheben Sie, in welche „Richtung" es gehen soll. Womit Sie sich beschäftigen, was Sie lernen und worin Ihre spezifischen Interessen liegen, sind wertvolle Daten zur *Berufsorientierung*, welche durch Ihre Hobbys uns Freizeitaktivitäten noch ergänzt werden können. Wichtig sind daher ebenso folgende Fragen:

➤ Womit beschäftigen Sie sich sonst noch gerne?
➤ Welchen Freizeitaktivitäten gehen Sie nach?
➤ Wo verbringen Sie Ihre Feierabende?
➤ Was tun Sie am Wochenende?
➤ Welche Urlaubsziele reizen Sie?

Sie merken: Wir weichen immer mehr vom „Job" ab. Dies liegt schlicht und ergreifend daran, dass Sie als fühlendes Individuum mit Wünschen, Bedürfnissen und Vorlieben entscheidenden Einfluss darauf haben, in welche Richtung Sie sich entwickeln möchten – und das ist auch gut so.

Ihre Persönlichkeit sollte bestimmen, wie Sie sich beruflich entwickeln – nicht umgekehrt.

Daher widmen wir uns nun dem letzten Part des Jobprofils, und zwar der Entwicklung einer „Vision", denn dadurch werden Ihnen Entscheidungen leichter fallen, Sie werden motivierter sein, zu tun, was nötig ist, um diese wahr werden zu lassen, Sie werden die Richtung bestimmen, in die Sie sich entwickeln möchten und sich dadurch (im Berufsleben) besser verwirklichen.

➢ Was ist für Sie ein glückliches (Berufs-)Leben?
➢ Was würden Sie tun, wenn alles – ohne äußere Zwänge – möglich wäre?
➢ Was macht Ihnen Spaß, seit Sie ein Kind sind?
➢ Haben Sie Vorbilder? Wenn ja – was zeichnet diese aus?
➢ Wann „versinken" Sie richtig – wodurch haben Sie „Flow"-Erlebnisse?
➢ Woran denken Sie, wenn Sie an „nichts" denken?

Anhand der gesammelten Daten können Sie Ihr Jobprofil nun abrunden. Sie können die Daten interpretieren und zum Beispiel in einigen Sätzen zusammenfassen, zum Beispiel so:

Ich habe mich – aus Gründen der finanziellen Sicherheit – zunächst für eine Ausbildung als [XXX] entschieden. Einige Dinge mag ich an meinem Beruf, zum Beispiel [XXX] und [XXX], allerdings stört mich, dass [XXX] und [XXX]. Nun arbeite ich seit 3 Jahren in dieser Branche und habe mich in den Bereichen [XXX] und [XXX) weiter entwickelt, da ich ein natürliches Talent für [XXX] habe.

Da ich mich auch in meiner Freizeit gerne mit [XXX] beschäftige und außerdem ein begeisterter [XXX] bin, wünsche ich mir eine berufliche Weiterentwicklung im Bereich [XXX], die meine Vorlieben für [XXX] und [XXX] berücksichtigt. Aufgrund meiner offenen und kommunikativen Art wünsche ich mir außerdem, dass ich viel mit Menschen zu tun habe, gerne übernehme ich auch Führungsaufgaben, da ich bereits seit [XXX] Teams mit Freude und Erfolg geführt habe.

Natürlich ist das nur eine Beispielformulierung. Wichtig ist, dass Sie die relevanten Informationen miteinander in Kontext setzen, wie es das Jobprofil vorsieht. Die Formulierung können Sie zu einem späteren Zeitpunkt selbstverständlich immer wieder anpassen. Zunächst ist es wichtig, eine „greifbare Leitformulierung" zu finden.

Sie sind dadurch den ersten wichtigen Schritt zur Beantwortung der folgenden Frage gegangen, mit der man sich – teilweise ein Leben lang – auseinandersetzt, nämlich:

Sind meine Fähigkeiten und Wünsche mit meinem Berufswunsch im Einklang?

Selbstverständlich gibt es neben dem Jobprofil zahlreiche andere Inspirationen. Letztlich müssen Sie natürlich selber entscheiden, was gut und richtig für Sie ist, das kann bzw. sollte niemand für Sie übernehmen. Zusätzlich kann man immer in Erwägung ziehen, zu einer professionellen Berufsberatung zu gehen, oft sind die Erstgespräche kostenlos und Sie können prüfen, ob die „Chemie" stimmt. Nehmen Sie sich Zeit und setzen Sie sich nicht unter Druck, denn es ist besser, den „richtigen" Weg zu suchen, als einfach loszurennen.

Der Vorteil des Jobprofils ist, dass es sich um einen *iterativen* und *zirkulären* Prozess handelt, der nie wirklich abgeschlossen ist. Es unterstützt Sie dabei, Visionen zu entwickeln, die ihrerseits Erfahrungen, Stärken und Schwächen weiter prägen. Diese Mehrfachnutzung macht es zu einem wirkungsvollen Tool, der einen Prozess zeichnet und bewertet, welchen Sie während bzw. aufgrund Ihres Werdegangs durchleben. Dadurch können Sie Erfahrungen, die Sie machen, einordnen und zukünftige besser planen. Darstellen kann man den Zusammenhang zwischen den einzelnen Segmenten des Jobprofils daher wie folgt:

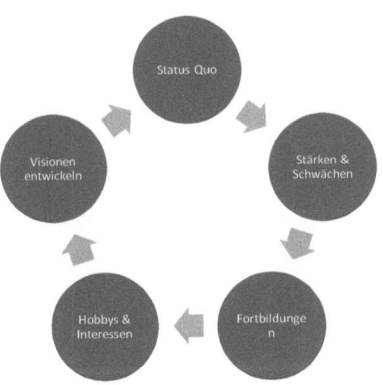

Zusammenfassung

Das Jobprofil beschreibt einen kreativen Prozess, den Sie regelmäßig wiederholen sollten, um neue Inspiration zu finden und Ihre momentane Situation zu analysieren, aber auch, um Raum für Neues zu schaffen. Das Profil nimmt stets den „Status Quo" Ihrer beruflichen Situation zur Grundlage bzw. zum Gegenstand der Analyse. Von dort werden sukzessive Stärken und Schwächen ermittelt sowie eigene Interessen dargelegt, um in der Folge (berufliche) „Visionen" zu entwickeln. Die berufliche Vision ist insofern die Kombination aus Ihren Kompetenzen und Wünschen, die sich wiederum gegenseitig bedingen.

Kompetenz + Wunsch = Vision

Je konkreter Ihre Visionen und Wünsche werden, desto produktiver und sinnvoller wird die Jobsuche. Daher ist es wichtig, die eigenen Wünsche – das geht in der Regel nicht von heute auf morgen – zu beschreiben. Dazu gibt das Jobprofil eine erste Hilfestellung. Anders ausgedrückt:

Das Jobprofil ist der „Grundbaustein" Ihrer beruflichen Orientierung.

Im nächsten Schritt geht es darum, sich langsam „vorzutasten", also Unternehmen und Branchen zu finden, die den eigenen beruflichen Wünschen entsprechen (könnten). Wie man hier sinnvoll vorgehen kann, ist Gegenstand des nächsten Kapitels.

3   Unternehmen & Jobs finden

Nachdem Sie nun ein Jobprofil von sich entworfen haben, möchten Sie natürlich wissen, welche Unternehmen und Branchen in Frage kommen, und auch, ob diese momentan Mitarbeiter in den von Ihnen favorisierten Bereichen suchen. Im Idealfall haben Sie natürlich bereits eine Vorauswahl getroffen und fangen nicht bei 0 an. Dieses Kapitel soll einen groben Überblick über folgende oder ähnliche Fragestellungen geben:

➢ Wie finde ich Unternehmen, die für mich interessant sind?
➢ Woher weiß ich, ob bestimmte Unternehmen gerade einstellen?
➢ Welche Quellen (on- und offline) kann ich nutzen, um mich „umzusehen"?
➢ Welche Jobbörsen sollte ich nutzen?
➢ Wie kann ich mich online „präsentieren"?

Natürlich werden Sie sich als erstes einen groben Überblick verschaffen, indem Sie zum Beispiel Suchmaschinen nutzen. Je genauer Ihr Jobprofil ist, desto gezielter werden Sie auch primäre Suchergebnisse filtern können, zum Beispiel nach der Region, in der Sie suchen bzw. in einem bestimmten Radius. Viele Online-Portale, von denen ich einige kurz grob skizzieren möchte, bieten diverse Filterfunktionen für Ihre Suche an: nach Region, Branche, Gehaltsstufe, Berufserfahrung sowie diversen Präferenzen.

Grundsätzlich sollten Sie jetzt überlegen, welche Branchen in Frage kommen. Zusätzlich kann es „nebenbei" nie schaden, einen von den zahlreichen Online-Tests zu machen, die einem zusätzliche Hilfestellungen bieten können. In „schwierigen" Fällen bietet sich für Sie vielleicht eine professionelle Berufsberatung, zum Beispiel bei der Bundesagentur für Arbeit oder einem von zahlreichen privaten Anbietern an. Natürlich sollten Sie in jedem Falle auch selber aktiv werden, zum Beispiel durch den Besuch einer Berufsmesse.

3.1 Berufsmessen

Eine der besten Schritte, um Ihr Jobprofil noch weiter zu schärfen bzw. bestimmten Branchen – oder sogar Unternehmen – zuordnen zu können, ist der Besuch von Berufsmessen. Hier können Sie wertvolle Informationen „Face2Face" erhalten, Fragen stellen, Unternehmen kennenlernen, Kontakte knüpfen, Bedarfe erfragen. Ein weiterer Vorteil ist, dass Unternehmen, die sich auf solchen Messen präsentieren, „Nachwuchs" suchen.

Von daher ist es sinnvoll, sich im Vorfeld zumindest anzugucken, welche Unternehmen sich präsentieren – vielleicht können Sie hier bereits eine Vorauswahl treffen. Nehmen Sie in jedem Falle Bewerbungsunterlagen mit, das heißt Zeugnisse, Empfehlungsschreiben und Ihren Lebenslauf (dessen Erstellung sich dieses Buch ebenso widmet). Auf manchen Messen ist es sogar möglich, im Vorfeld kurze Gesprächstermine mit den Personalern zu vereinbaren – dies läuft in der Regel etwas ungezwungener ab als ein Bewerbungsgespräch, da sich in erster Linie das Unternehmen präsentieren möchte.

Aus diesem Grund ist das Gespräch natürlich unverbindlicher, gibt Ihnen aber die Möglichkeit, wertvolle Informationen zu sammeln und Kontakte zu knüpfen.

In der Regel können Sie auch diverses Informationsmaterial mitnehmen – perfekt, wenn Sie planen, sich bei einem bestimmten Unternehmen zu bewerben, denn dies nimmt Ihnen bereits einen Teil der notwendigen Recherche ab. Dabei dürfen Sie allerdings nicht vergessen, dass die Informationen in der Regel sehr positiv dargestellt sind – aus nachvollziehbaren Gründen. Eine „kritischere" Betrachtungsweise der Branche und des Unternehmens kann solches Material insofern natürlich nicht ersetzen.

Berufsmessen dienen der beruflichen Orientierung, dem Sammeln von Informationen und dem Kennenlernen von Unternehmen.

Sie können sich auf Messen auch in diverse Newsletter eintragen – tun Sie das in jedem Fall, denn hier haben Sie nichts zu verlieren und werden informiert, sobald ein Unternehmen einen „Tag der offenen Tür" plant oder Stellen ausschreibt. Berufsmessen sind grundsätzlich vor allem dazu geeignet, sich einen Überblick zu schaffen. Sammeln Sie daher in jedem Falle fleißig Visitenkarten und bringen Sie, sofern möglich, Ihre Fragen direkt zum Infostand des Unternehmens mit. Auch ist es sinnvoll, sich auf den Visitenkarten eine kurze Notiz zu machen, die Sie an das Gespräch bzw. an den Gesprächspartner erinnert. Auf einigen Berufsmessen werden Workshops angeboten, zu denen man sich allerdings teilweise registrieren muss – prüfen Sie dies im Vorfeld und melden Sie sich an, wenn Sie etwas interessiert, denn schaden kann es Ihnen in keinem Fall.

Im Internet finden Sie zahlreiche Listen relevanter Messen und Veranstalter – suchen Sie einfach die passenden heraus. Achten Sie dabei unbedingt darauf, dass es „allgemeine" und branchenspezifische Messen gibt. Manche sind frei zugänglich, bei anderen muss man sich im Vorfeld mit seinem CV bewerben.

3.2 Online-Jobbörsen

Für die Jobrecherche, das Finden und „gefunden werden" im beruflichen Bereich sind Jobbörsen heutzutage unverzichtbar. Man muss zwischen „Branchenspezialisten" und „Generalisten" unterscheiden. Hier sind vor allem *StepStone* und *Monster* zu nennen, die beiden Marktführer im deutschsprachigen Raum. Diese ermöglichen es Ihnen, sich sehr individuelle Profile anzulegen, um relevante Informationen zu erhalten. Darüber hinaus können Sie auch Gesuche erstellen, Lebensläufe generieren und hochladen, die „Stationen" Ihres Lebenslaufs näher beschreiben, Anschreiben verfassen – kurz: Sie können umfangreiche Profile von sich erstellen, mit denen Sie sich auf relevante, ausgeschriebene Jobs bewerben können.

Natürlich ist das Verfassen eines individuellen Anschreibens immens wichtig – daher ist diesem Thema auch ein ganzes Kapitel gewidmet. Abgesehen davon stehen Ihnen auf diesen Seiten zahlreiche Ratgeber, Blogs, Vorlagen und Hilfsmittel zur Verfügung, die Sie in jeder Phase Ihrer beruflichen

Orientierung nutzen können. Die genannten Jobbörsen sind auch „*Begegnungs-Börsen*", denn hier können Bewerber geeignete Unternehmen suchen, diese aber auch umgekehrt – entweder selbst oder über beauftragte Personalberatungen – kontaktieren.

Jobbörsen sind zweiseitig – es geht um Finden und „gefunden werden".

Ebenso können Sie Personalberatungen direkt anzuschreiben – recherchieren Sie gut, denn die meisten sind auf spezielle Branchen spezialisiert. Es lohnt sich immer, in Kontakt mit Personalberatern oder Recruitern zu stehen, denn diese haben natürlich – Ihre jeweilige Eignung vorausgesetzt – ein Eigeninteresse daran, Sie erfolgreich zu vermitteln.

Betrachten Sie Ihren Personalberater daher als Verbündeten. Erfahrene Personalberater können Ihnen ebenso bei der beruflichen Orientierung – auf Basis Ihrer (formalen) Qualifikationen – helfen. Nutzen Sie die Gelegenheit, Feedback von Profis zu erhalten, sei es zu formalen oder inhaltlichen Aspekten

Ihres Berufsorientierungs- bzw. Bewerbungsprozesses. Außerdem sind Personalberatungen naturgemäß gut informiert, was Trends und Entwicklungen in den jeweilig agierenden Branchen anbelangt – profitieren Sie davon.

3.3 Xing & LinkedIn

Wer sich auf einen Job bewirbt oder „passiv" auf der Suche ist, also einem guten Angebot nicht abgeneigt ist, sollte ein Profil auf *Xing* oder *LinkedIn* haben. Dies hat ganz verschiedene Gründe und Vorteile, zum Beispiel, dass potenzielle Arbeitgeber und Personalberatungen über diese Plattformen nach geeigneten Bewerbern suchen. Zweitens kann man, falls man von Personalern bzw. Unternehmen „getestet" wird, die Informationen kontrollieren und bereitstellen, die man kommunizieren möchte. Es gibt also vorrangig zwei Gründe, um professionelle soziale Netzwerke zu nutzen:

➢ Man kann von Personalern und Recruitern gefunden werden
➢ Man kann seine berufsrelevanten Daten in angemessener Form darstellen

Darüber hinaus bieten beide Plattformen zahlreiche Möglichkeiten, sich ein professionelles Netzwerk aufzubauen, an fachspezifischen Diskussionen und Events teilzunehmen, Kontakte zu Unternehmen und deren Mitarbeitern zu generieren und vieles mehr. Während *LinkedIn* gerade für den internationalen Raum interessant und relevant ist, ist *Xing* im deutschsprachigen Raum die wichtigste Plattform. Es ist möglich, ein kostenfreies Basis-Profil oder auch einen Premium-Account" anzulegen. Testen Sie zunächst kostenlos und entscheiden danach selber, ob Sie Geld investieren möchten. Ein Profil auf *Xing* bietet Ihnen eine Vielzahl von Funktionen, die im Folgenden dargestellt sind:

➢ Erstellung einer „Online-Visitenkarte"
  - Kompetenzen, Referenzen, Interessen
  - Angabe beruflicher Interessen nach Schlagwörtern
  - Upload eines umfangreichen Portfolios
  - Verlinkung zu weiteren Online-Profilen
  - Auflistung von Empfehlungen

- Aufbau und Pflege eines professionellen Netzwerks
  - Aufbau relevanter Kontakte durch „Suche"- und „Biete"-Funktionen
  - Benachrichtigungen über Berufsmessen, Informations- und Netzwerkevents
  - zahlreiche Diskussionsforen zum fachlichen Austausch
  - Suchen & Finden von Kontakten (nach Unternehmen, Ort, Branche …)
  - Nachrichten senden und empfangen

- Stellen- und Projektmarkt
  - Jobsuche nach umfangreichen Filtern
  - Bewerbung direkt über die Plattform
  - relevante Job-Newsletter erhalten
  - Branchen-News abonnieren
  - von Recruitern & Personalern kontaktiert werden

Während Xing-Profile überwiegend in Deutsch gehalten sind, gibt es *LinkedIn* mittlerweile in 11 Sprachen. Welche die richtige für Sie ist, ergibt sich letztlich ganz natürlich aus dem Sektor, der Branche oder dem Sprachkreis, in dem bzw. für den Sie beruflich tätig sind oder sein möchten.

Viele der oben genannten Funktionen findet man natürlich auch beim weltweiten Marktführer, *LinkedIn*. Zusätzlich bietet diese Plattform mit „Simply Hired" eine sehr interessante „Meta-Suche" bei der Jobrecherche, welche verschiedene Datenbanken durchsucht – auch von Unternehmen, die nicht direkt auf *LinkedIn* vertreten sind. Probieren Sie beides aus – es gilt die Faustregel:

Wer einen Job im deutschsprachigen Raum anstrebt, kommt an Xing nicht vorbei. Wer sich für eine internationale Karriere interessiert, braucht ein Profil auf LinkedIn.

Zusammenfassung

Berufsmessen geben einen guten Einblick in verschiedene Branchen, liefern Antworten auf die wichtigsten Fragen und vermitteln Kontakte – sie sind ein guter Einstieg und ein geeignetes „Training", da man viele Unternehmen kennenlernen kann und zahlreiche Möglichkeiten erhält, up-to-date zu bleiben. Je besser Sie sich im Vorfeld auf eine Berufsmesse vorbereiten, desto mehr werden Sie davon „mitnehmen" – nehmen Sie sich dafür also in jedem Fall ausreichend Zeit. Jobbörsen sind wichtig, um sich regelmäßig Jobs, die dem eigenen Profil entsprechen, per Newsletter zusenden zu lassen – natürlich kann man hier auch selber aktiv werden. Außerdem kann man auf entsprechenden Plattformen in der Regel Profile anlegen, über die man von internen Personalern sowie Headhuntern gefunden werden kann.

Zusätzlich findet man auf vielen Jobbörsen zahlreiche Tools und Hilfsmittel zur Erstellung geeigneter Bewerbungsunterlagen. Sinnvoll kann es auch sein, seinen CV direkt bei Personalberatungen zu hinterlegen – in der Regel handelt es sich um Profis, die ein Eigeninteresse daran haben, Sie zu vermitteln, weshalb Sie diese als „Verbündete" betrachten können. *Xing* & *LinkedIn* bieten zahlreiche Vorteile, vor allem aber handelt es sich bei beiden zunächst um eine „Online-Visitenkarte", mit der Sie sich professionell präsentieren können, um relevante Netzwerke aufzubauen, mit denen Sie über zahlreiche Wege interagieren können. Eigene Jobbörsen sind bei beiden Plattformen inklusive, sodass Sie auch hier gezielt suchen können, um Ihren Traumjob zu finden. Für alle vorgeschlagenen Maßnahmen ist ein gelungener Lebenslauf das A und O. Daher widmet sich das nächste Kapitel diesem Thema.

4   Curriculum Vitae

Der Lebenslauf (CV) ist Ihr professionelles Aushängeschild, die Zusammenfassung Ihrer bisherigen Leistungen und Bildungsstationen. Neben dem Anschreiben stellt der Lebenslauf das wichtigste Dokument Ihrer Bewerbungsunterlagen dar. Ein guter CV ist die „halbe Miete" für die Einladung zum Bewerbungsgespräch, mit einem schlechten Lebenslauf „schießen" Sie sich direkt ins Abseits bzw. in den Mülleimer des Personalers. Unabhängig davon, in welcher Branche Sie tätig werden möchten bzw. was Sie gerade tun: Ihr Lebenslauf bestimmt den ersten Eindruck, den Sie bei einem Unternehmen hinterlassen – und den kann man bekanntlich nicht wiederholen.

Wichtige Regeln für den Lebenslauf

Gerade, wenn Sie sich bei einem großen Unternehmen bewerben, sind Sie meistens einer von vielen Kandidaten. Der Personaler wird Ihrem CV in der Regel nicht mehr als 1-2 Minuten widmen. Der CV muss also innerhalb kürzester Zeit alle (für den Job) relevanten Informationen vermitteln.

Ob man hier „glänzen" kann, ist umstritten – fest steht aber, dass es möglich ist, zu „patzen". Wenn Sie allerdings ein paar Grundregeln beachten, können Sie sich im Umkehrschluss bestens positionieren und professionell überzeugen. Die Grundregeln, die es dabei zu beachten gilt, werden auf den nächsten Seiten erläutert.

Wählen Sie eine übersichtliche Struktur!
Zunächst ist es wichtig, dass Sie eine klare, einheitliche Struktur sowie ein einfaches, übersichtliches Layout für Ihren Lebenslauf auswählen. Achten Sie darauf, nicht zu viele verschiedene Schriftarten, -farben und -größen verwenden. Je simpler, desto besser. Sie sollten außerdem 2 Seiten möglichst nicht überschreiten, um zu zeigen, dass Sie in der Lage sind, zu priorisieren. Bedenken Sie außerdem, dass der Personaler, der Ihren Lebenslauf sieht, heute vielleicht schon 10 andere in der Hand hatte und noch 15 weitere lesen wird – schaffen Sie also keine unnötige Verwirrung und beschränken sich aufs Wesentliche.

Vermeiden Sie Fehler!

Dass man Rechtschreib-, Grammatik- und Zeichensetzungsfehler vermeiden sollte, ist selbstverständlich – gegebenenfalls kann man dazu ein professionelles Lektorat beauftragen, denn Fehler (in einem zweiseitigen Dokument) sind ein Zeichen von mangelndem Interesse, fehlendem Engagement und lassen Sie unglaubwürdig und unprofessionell wirken. Wenn Sie schon bei der Bewerbung ein wichtiges Dokument „hinschludern" – was soll man dann erst über Ihre Arbeitsweise denken?

Es ist dabei relativ unbedeutend, für welche Position Sie sich bewerben, denn es gibt heutzutage nur wenige Berufe, in denen man nicht schriftlich kommuniziert, ob intern oder extern. Lassen Sie Ihren Lebenslauf daher am besten gegenlesen, um Peinlichkeiten zu vermeiden.

Kommunizieren Sie prägnant!

Eine weitere wichtige Regel ist, dass Ihr Lebenslauf eine „interne Logik" haben sollte. Wenn man nicht nachvollziehen kann, wer Sie sind bzw. durch welche Fähigkeiten Sie sich auszeichnen, haben Sie in der Regel schlechte Karten. Daher sollten Sie unbedingt auf inhaltliche Prägnanz achten. Damit ist gemeint, nicht alles zu erwähnen, was Sie je getan haben beziehungsweise können. Fokussieren Sie sich hier ganz klar auf die Bedarfe des Unternehmens. Falls Sie Ihren Tätigkeits- bzw. Aufgabenbereich näher beschreiben wollen, ist das sinnvoll – nutzen Sie dazu am besten Stichworte und übersichtliche, klar dargestellte und messbare Fakten.

Bleiben Sie ehrlich!

Wenn Sie sich als „Experte für Marketing, Key Account Management, Grafikdesign, Architektur und Gründungsberatung" ausgeben, kann das durchaus nach hinten losgehen: Zunächst sollte man sich überlegen, ob man sich wirklich als „Experte" bezeichnen möchte, denn das muss man sehr gut begründen.

Noch wichtiger ist aber: Ein Experte auf verschiedenen Gebieten zu sein, die ihrerseits nichts miteinander zu tun haben, ist eher unglaubwürdig.

Verzichten Sie daher auf überschwängliche Selbstdarstellungen und bleiben Sie bei den Fakten. Bedenken Sie außerdem, dass Sie bei Rückfragen auch „liefern" müssen – „bellen" Sie also nur, wenn Sie auch „beißen" können.

Passen Sie Ihren Lebenslauf an!
Jedes Unternehmen hat bestimmte Erwartungen an seine Bewerber. Diese können formaler oder inhaltlicher Natur sein und sowohl Soft- als auch Hard-Skills betreffen. Passen Sie Ihren CV daher den Anforderungen der zu besetzenden Position bzw. des Unternehmens an. Das bedeutet zum Beispiel, dass ein Nebenjob als Lektor, den Sie im Studium hatten, wichtig sein kann, wenn Sie sich beispielsweise im Verlagswesen bewerben möchten.

Wenn Sie hauptberuflich Student sind, *kann* man dies erwähnen, *muss* es aber nicht. Entscheiden Sie selber, ob es sinnvoll ist – denken Sie hier auch an den Punkt „Prägnanz". So ist es für eine Position als Key Account Manager zum Beispiel relativ unbedeutend, ob Sie in einer Pizzeria als 400-Euro-Kraft gearbeitet- oder sich ein Zubrot als

Flyerverteiler verdient haben. Haben Sie sich vielleicht während der Ausbildung nebenher mit dem Sammeln antiker Bilder beschäftigt, kann das wiederum spannend sein, wenn Sie eine Karriere im Museum anstreben.

Haben Sie Mut zur Lücke!

Im „Idealfall" waren Sie niemals arbeitslos und weisen keine sogenannten „Lücken" im Lebenslauf auf. Falls doch, ist das jedoch nicht *grundsätzlich* schlecht, da hier teilweise ein Umdenken stattfindet. Wenn Sie zum Beispiel nach einem abgeschlossenen VWL-Studium zunächst auf Reisen gehen, kann Sie das als Person durchaus interessant machen: erstens, weil Auslandsreisen „auf eigene Faust" oftmals den Horizont erweitern, zweitens, weil es von Courage, Mut und einer gewissen Aufgeschlossenheit zeugt, „einfach so" ins Ausland zu gehen.

Sich von gewohnten Strukturen zu lösen, möglicherweise noch mit wenig Geld, traut sich eben nicht jeder. Nutzen Sie das zu Ihrem Vorteil. Vielleicht gibt es ja sogar eine inhaltliche Verbindung:

Wenn Sie zum Beispiel in Malawi für eine NGO tätig waren und sich dann für eine Position beim Deutschen Entwicklungsdienst bewerben, spricht das für Sie. Es geht also nicht unbedingt darum, keine „Lücken" im Lebenslauf zu haben, sondern vielmehr darum, wie Sie die Zeit genutzt hat, in der Sie nicht „berufstätig" waren.

Holen Sie sich Feedback!
Sie haben auf eine übersichtliche Struktur und ein sauberes Layout geachtet, Ihr Lebenslauf ist fehlerfrei, Sie haben 2 Seiten nicht überschritten, nur die wichtigen Punkte eingefügt, den CV den Anforderungen des Unternehmens angepasst und haben „Lücken" gekonnt erklärt und vielleicht sogar zu Ihrem Vorteil genutzt? Sehr gut.

Und nun: Überzeugen Sie eine andere Person. Geben Sie den Lebenslauf – nach Fertigstellung – einem Verwandten oder Bekannten. Wenn man zu lange an derselben Sache arbeitet, neigt man nämlich zu „Betriebsblindheit". Daher ist es immens wichtig, sich Feedback zu holen, damit Sie ein Gespür dafür bekommen, ob man Ihren CV „versteht". Den „perfekten" Lebenslauf gibt es nicht, daher ist konstruktives Feedback immer wertvoll, um diesen zu verbessern. Beachten Sie zusammenfassend also Folgendes:

- Übersichtliche Struktur & einfaches Layout nutzen
- Fehler vermeiden – gegebenenfalls Lektorat beauftragen
- Inhaltliche Prägnanz wahren – machen Sie sich „verständlich"
- Bleiben Sie bei der Wahrheit
- Anpassung an die Anforderungen des Unternehmens beachten
- „Lücken" zu Ihrem Vorteil nutzen
- Feedback einholen & CV optimieren

Aus dem bereits Geschriebenen geht hervor, dass ein Lebenslauf etwas sehr *individuelles* ist – eben darum, weil dieser sowohl Ihnen als auch den Anforderungen des Unternehmens, bei dem Sie sich bewerben, angepasst sein soll.

Es gibt zahlreiche Vorlagen für einen (guten) Lebenslauf, jedoch nur zwei „Grundkategorien", die ich Ihnen an dieser Stelle vorstellen möchte.

4.1   Der tabellarische Lebenslauf (Standard)

Diese Version ist für Menschen mit wenig bis keiner Berufserfahrung geeignet. Wenn Sie gerade aus der Ausbildung oder von der Universität kommen und noch nicht viel „Inhalt" für den CV haben, eignet sich diese Variante sehr gut, denn Sie zeigt Ihre Entwicklung auf, ist leicht zu lesen und daher vor allem für Leute geeignet, die sich für den ersten „richtigen" Job bewerben.

Der *standardisierte* Lebenslauf ist eine chronologische Auflistung Ihres bisherigen Werdegangs und sollte zwei Seiten nicht überschreiten. Es gilt, wie auch beim *internationalisierten* Lebenslauf, dass der Fokus auf der Relevanz liegt – bei Bewerbern ohne viel Berufserfahrung ist dies deren bisheriger Werdegang. Ein Vorteil dieser Version ist seine Übersichtlichkeit, die es dem Personaler ermöglicht, den Bewerber gut einzuordnen. Dies schafft wiederum die Möglichkeit einer optimalen „Vergleichbarkeit" zwischen Bewerbern. Außerdem kann der Personaler hier sehr gut nachvollziehen, welche Stationen der Bewerber wann durchlaufen hat.

Der tabellarische Lebenslauf eignet sich vor allem für Berufseinsteiger.

4.2 Der „internationalisierte" Lebenslauf
Diese Version ist für Menschen geeignet, die bereits berufliche Erfahrungen (auch zum Beispiel in Form von Praktika oder Freelance-Tätigkeiten) gesammelt haben. Wenn Sie einen Karrierewechsel anstreben, von der Selbstständigkeit in die Festanstellung wechseln möchten oder sich bei einer Personalberatung registrieren lassen wollen, eignet sich diese Variante für Sie. Die Hauptcharakteristik dieser Version ist die umgekehrte Reihenfolge: Oben steht, was aktuell ist, denn dies ist oftmals relevanter als der Weg, der Sie dort hingeführt hat.

Wenn Sie zum Beispiel seit 7 Jahren als leitender Werbetexter in einer Agentur beschäftigt sind, wird man es Ihnen eher verzeihen, wenn Sie Ihr Philosophiestudium damals abgebrochen haben.

Anders herum gilt: Wenn Sie vor 5 Jahren eine Ausbildung oder ein Studium abgeschlossen haben, ist das zunächst mal eine gute Nachricht. Es ist aber vor allem relevant, was Sie daraus gemacht haben. Wenn Sie zum Beispiel ein Physik-Diplom haben und seit Jahren als freier Programmierer arbeiten, wird die IT-Branche für Sie möglicherweise interessanter sein als physikalische Forschungseinrichtungen – und umgekehrt.

Natürlich darf man das nicht so eng sehen, denn es gibt auch hier Kombinationsmöglichkeiten: Vielleicht braucht zum Beispiel das physikalische Institut Ihrer alten Universität eine neue Datenbank. Entscheiden Sie einfach, was Sie momentan „auszeichnet" und schreiben Sie das – natürlich nach oben – in den Lebenslauf.

Der „internationalisierte" Lebenslauf eignet sich vor allem für Berufserfahrene und Quereinsteiger.

Zusammenfassung

Einen Lebenslauf zu erstellen, erfordert eine Menge Zeit. Er muss übersichtlich sein, es muss schnell erkennbar sein, wer Sie sind und was Sie können. Außerdem sollten Sie auf eine gewisse Chronologie achten, unabhängig davon, ob Sie eine *standardisierte* oder *internationalisierte* Vorlage wählen.

Wenn Sie bereits relevante Erfahrungen gesammelt haben, ist eher die zweite Variante zu empfehlen, ansonsten können Sie bei der ersten bleiben. Das Layout Ihres Lebenslaufes ist außerdem sehr wichtig, hier sollten Sie sich für eine möglichst gut lesbare Schriftart entscheiden und nicht zu viele Designs und Schriftgrößen vermischen – weniger ist mehr (das kann in der Designer- oder Gaming-Branche natürlich anders sein).

Es ist immer sinnvoll, in Stichpunkten spezifische Aufgabenbereiche oder Erfolge zu verzeichnen, damit aus dem Lebenslauf ersichtlich ist, was Sie konkret gemacht haben. Natürlich gilt auch hier, dies möglichst gut der angestrebten Stelle – oder zumindest der Branche – anzupassen.

Lassen Sie Ihren Lebenslauf gegenlesen, überschreiten Sie, wenn möglich, keine zwei Seiten und achten Sie darauf, dass Ihre Kontaktdaten angegeben sind. Im nächsten Kapitel wird das Anschreiben thematisiert, welches Sie bei einer Bewerbung gemeinsam mit Ihrem CV verschicken.

5 Das Anschreiben

Grundsätzlich gilt: Eine erfolgreiche Bewerbung (auf eine ausgeschriebene Stelle) besteht nicht nur aus einem guten CV, sondern enthält auch ein überzeugendes Anschreiben. Das hat mehrere Gründe: „Die Konkurrenz schläft nicht", sagt man im Allgemeinen. Im Speziellen ist damit gemeint, dass Ihr CV nicht unbedingt das einzige Kriterium ist, nach dem Sie bewertet werden. Zugegeben – er kann ein Ausschlusskriterium sein, wenn Sie zum Beispiel notwendige formale Qualifikationen nicht besitzen. Aber nur, weil man alle formalen Herausforderungen erfüllt, bedeutet dies im Umkehrschluss noch lange nicht, dass man eine Stelle sicher hat. Wenn Sie sich aufgrund Ihrer formalen Qualifikation (bzw. des Interesses) auf eine ausgeschriebene Stelle bewerben, können Sie in der Regel davon ausgehen, Mitbewerber ähnlicher Qualifikation zu haben – daher müssen Sie sich profilieren.

Ein gelungenes Anschreiben stellt Ihren Mehrwert für ein Unternehmen dar, sofern Sie Ihre Motivation und Kompetenzen überzeugend darlegen können.

Wenn man davon ausgeht, dass auf einen neuen Mitarbeiter oftmals hundert Bewerber kommen, bedeutet das: Sie müssen punkten, Ihr CV allein reicht höchstwahrscheinlich nicht aus. Genau hier setzt das Bewerbungsschreiben an: Es zeigt, wie Sie die einzelnen Stationen Ihres Lebenslaufes in Kontext miteinander setzen, was Sie gelernt haben, worin Ihre Interessen und Stärken liegen, welche Mehrwerte Sie einem Unternehmen bieten können, was Sie für ein Mensch sind.

Während der Lebenslauf also einen stark *objektiven* Charakter hat, ist das Anschreiben zutiefst *subjektiv*. Darum gilt auch hier, genauso wie beim Lebenslauf, dass es nicht „das" richtige Anschreiben gibt. Aber natürlich gibt es sinnvolle Inhalte, Strukturen und Regeln, die man beachten sollte, wenn man ein Anschreiben aufsetzt.

Der Lebenslauf ist eine objektive Darstellung-, das Anschreiben eine subjektive Begründung Ihrer Qualifikation.

5.1 Zentrale Fragestellungen

In diesem Kapitel werde ich Strukturen, Regeln und Fragestellungen zum Thema „Anschreiben" vorstellen und Ihnen Beispielformulierungen an die Hand geben. Sie werden nach der Lektüre dieses Kapitels in der Lage sein, ein übersichtliches und überzeugendes Anschreiben zu verfassen. Neben den Tipps, die hier aufgeführt sind, merken Sie sich vor allem eines:

Das Anschreiben einer Bewerbung ist wie ein Liebesbrief – man schwärmt vom Gegenüber, wirbt für sich und kreiert ein Szenario, in dem beide Partner harmonieren und sich guttun.

Um dieser grundsätzlichen Überlegung gerecht zu werden, sind drei Fragestellungen zentral, mit denen Sie sich möglichst spezifisch und detailliert auseinandersetzen sollten – sie sind der Kern einer jeden erfolgreichen Bewerbung und notwendig, um ein überzeugendes Anschreiben zu verfassen.

5.1.1 Was möchten Sie?

Für Sie persönlich gibt es sicher einige Kategorien, die Sie gegen- oder miteinander abwägen müssen, um diese miteinander in Einklang zu bringen, zum Beispiel Gehalt, Aufstiegs- und Karrierechancen, Work-Life-Balance, Reisebereitschaft, Kundenkontakt, Aufgaben- und Verantwortungsbereich, Teamarbeit, Boni, Sonderzulagen, betriebliche Versicherungen etc.

Machen Sie sich ein klares Bild davon, was Sie eigentlich möchten – dann sind Sie gut ausgestattet, um überzeugend Ihre Interessen vertreten zu können.
Unsicherheit merkt Ihnen jeder Personaler sofort an. Nutzen Sie hierzu gegebenenfalls nochmals das Jobprofil. Folgende „Checkpunkte" sind nun wichtig:

➢ Was versprechen Sie sich von dem Job?
➢ Wie sehen Sie Ihre Zukunft im Unternehmen?
➢ Welche beruflichen und persönlichen Ziele streben Sie an?

➤ Sind Ihre persönlichen und beruflichen Ziele im Einklang miteinander?

➤ Sind Sie ernsthaft motiviert, für dieses Unternehmen tätig zu werden?

➤ Was reizt Sie an der Position bzw. am Unternehmen?

Natürlich gibt es noch zahlreiche weitere Punkte. Diese Orientierungsfragen sollen einen ersten Überblick schaffen. Wenn Sie sich nicht sicher sein sollten, widmen Sie sich am besten – wie gesagt – nochmals dem Jobprofil, denn mit einer klaren Vision werden Sie motivierter, entscheidungsfreudiger, produktiver, überzeugender und glücklicher sein.

5.1.2 Was möchte das Unternehmen?

Sie sollten das Unternehmen sehr gut kennen, bei dem Sie sich bewerben. Das hebt Sie klar von vielen anderen Bewerbern ab – unspezifische Massenbewerbungen sind in der Regel wenig ertragreich und daher verschwendete Zeit. Je besser Sie die Wünsche, Bedürfnisse, Grundsätze und Ziele des Unternehmens kennen und aktiv darauf eingehen, desto besser stehen Sie da.

Machen Sie also Ihre Hausaufgaben, lesen Sie Material von und über das Unternehmen, notieren Sie sich generelle oder spezifische Fragen, zeichnen Sie Trends auf, lesen Sie Branchenmagazine und Erfahrungsberichte, versuchen Sie, Kontakt zu aktuellen oder ehemaligen Mitarbeitern aufzubauen (*Xing* und *LinkedIn* eignen sich dazu ganz hervorragend).

Lernen Sie ein Unternehmen kennen, bevor Sie sich bewerben.

Besuchen Sie das Unternehmen, zum Beispiel auf Messen oder Veranstaltungen, gehen Sie zum Tag der offenen Tür, kurz: Tun Sie das, was nötig ist, um ein Verständnis davon zu bekommen, wer das Unternehmen ist und was ihm wichtig ist.

Manche dieser Informationen sind quantifizierbar und sind z. B. im Internet leicht zu finden. Bei anderen Informationen müssen Sie wiederum „zwischen den Zeilen" lesen, um diese bewerten und einschätzen zu können. Je mehr Sie wissen, desto wirkungsvoller können Sie im Bewerbungsprozess punkten. Beachten Sie z. B. folgende Fragestellungen:

➢ Was ist die Haupteinkommensquelle des Unternehmens?
➢ Welche Entwicklung hat das Unternehmen hinter sich?
➢ Was sind „Vision" und „Mission" des Unternehmens?
➢ Wie funktioniert das Geschäftsmodell?
➢ Was ist der wirtschaftliche Zustand des Unternehmens?
➢ Welche Hürden hat das Unternehmen zu bewältigen (intern, extern)?
➢ Wie viele Mitarbeiter arbeiten in welchen Abteilungen?
➢ Wer bildet die Hauptkundengruppe?

> Welche Sektoren bedient das Unternehmen ggf. nicht mehr und warum?
> Welche Fähigkeiten & Kompetenzen sucht das Unternehmen, und warum?

5.1.3 Passen Sie zusammen?

Haben Sie die ersten beiden Punkte bearbeitet, können Sie nun zur dritten Frage übergehen, nämlich der *Verbindung* zwischen dem Unternehmen und Ihnen. Hier geht es darum, wie Sie sich gegenseitig bereichern können, also welchen Mehrwert Sie sich *gegenseitig* bieten. Sie fügen dazu gewissermaßen die Elemente der ersten beiden Fragen zusammen.

Die Antwort auf diese Frage ist die begründende Darstellung, wie sich aus Ihrer Vita, Ihren Kompetenzen und Vorlieben ergibt, dass Sie zu den Zielen, Wünschen und Wertschöpfungen eines Unternehmens beitragen können und möchten.

Mit anderen Worten: Hier schnappt die Falle zu. Zugegeben: Das bedeutet eine Menge Aufwand. Aber gute Vorbereitung ist die halbe Miete und verschafft Ihnen einen enormen Selektionsvorteil: im Anschreiben, im Bewerbungsgespräch, im Job. Folgende Fragestellungen sind an dieser Stelle zentral (natürlich handelt es sich auch hier nur um einen Auszug):

➢ Welchen Mehrwert können Sie dem Unternehmen bringen?
➢ Verfügen Sie über für das Unternehmen wichtige Kenntnisse und Fähigkeiten?
➢ Sind Sie formal und inhaltlich hinreichend qualifiziert?
➢ Welche Erfahrungen haben Sie gemacht, die Sie effektiv nutzen können?
➢ Wie passt Ihre Erfahrung zur Verwirklichung der Mission des Unternehmens?
➢ Welche ähnlichen Anforderungen konnten Sie bereits meistern?
➢ Welche besonderen Eigenschaften sind für das Unternehmen besonders wichtig?

➢ Was können Sie zur Unternehmenskultur beitragen?
➢ Welche Relevanz und Aufgabe hat die Position für das Unternehmen als Ganzes?

Deren Beantwortung ist zeitintensiv aber lohnenswert, da Sie sich viel „bewusster" für eine Bewerbung entscheiden, wenn Sie das Unternehmen im Vorfeld bereits kennen. Außerdem können Sie die zahlreichen Informationen, welche Sie selber zur Entscheidungsfindung heranziehen, im Bewerbungsprozess effektiv nutzen, um sich von Mitbewerbern abzugrenzen.

Überdies handelt es sich hierbei auch um Marktforschung, die an Ihren persönlichen Präferenzen orientiert ist. Die Beantwortung dieser Fragen wird Ihnen auf vielen Stationen des Bewerbungsprozesses helfen:

➢ Erstellung aussagekräftiger Bewerbungsunterlagen
➢ Optimale Verbindung zwischen Interessen und Voraussetzungen

- ➢ Selektionsvorteil durch gründliche, inhaltliche Vorbereitung
- ➢ Erlangung wichtiger Markt- und Branchenkenntnisse
- ➢ Gezieltere Jobrecherche durch Kenntnis der Fähigkeiten und Interessen
- ➢ Selbstvertrauen durch „Vor-Augen-Führen" der bisherigen Leistungen

Nachdem Sie nun die obigen Informationen gesammelt haben, liegen alle Voraussetzungen vor, um ein gutes Bewerbungsschreiben anzufertigen. Die vorhandenen Daten müssen nun in Textform gebracht- und mit der Stellenanzeige, sofern vorhanden, verknüpft werden. Dazu werde ich in dem folgenden Kapitel Beispiele geben und deren Stärken und Sinn erläutern:

5.2 Die goldenen Regeln des Anschreibens

Bevor ich aber auf die konkreten Schritte eingehe, wie man ein gutes Anschreiben verfasst, sei noch auf einige Grundregeln hingewiesen, die Sie unbedingt beachten müssen:

- Ein Anschreiben ist KEINE schriftliche Zusammenfassung des Lebenslaufs
- Verwechseln Sie nicht „interessant" und „relevant"
- Finden Sie den richtigen Ansprechpartner, notfalls per Telefon
- Machen Sie klar, wofür und zu welchem Zeitpunkt Sie sich bewerben
- Die Form des Unternehmens bestimmt die Form der Kommunikation
- Seien Sie in den Darstellungen der Kompetenzen und Wünsche spezifisch
- Begründung und Motivation der Bewerbung gehören an den Anfang
- Einleitung und Abschluss des Anschreibens müssen „kraftvoll" sein
- Stellen Sie Leistung & Erfahrung messbar dar
- Verbinden Sie dies mit den Herausforderungen der neuen Position
- Stellen Sie heraus, inwiefern Ihre Fähigkeiten dem Unternehmen nutzen können
- Demonstrieren Sie Branchenkenntnis und Interesse

➢ Zeigen Sie Verständnis für die Herausforderungen des Berufsbildes

Wenn Sie diese Grundregeln befolgen, werden Sie bei der Bewerbung punkten. Nachdem ich nun den „theoretischen Hintergrund" eines Anschreibens ansatzweise erläutert- und auf diverse Regeln und Fallstricke hingewiesen habe, widmen wir uns nun der *Struktur* des Anschreibens.

Bevor Sie allerdings einfach mit dem Schreiben beginnen, empfehle ich Ihnen, die betreffende Stellenausschreibung in eine Word-Datei zu kopieren. Diese enthält in der Regel folgende (oder vergleichbare) Formulierungen:

➢ Das Unternehmen
➢ Aufgabenbereiche
➢ Anforderungen
➢ „Wir bieten"

Bis auf den ersten Punkt handelt es sich hierbei meist um Stichwortlisten. Markieren Sie die Stellen, die Ihnen besonders zusagen. Das können Anforderungen sein, die Sie exzellent erfüllen oder Aufgabenbereiche, die Sie besonders interessieren bzw. in denen Sie sehr kompetent sind. Erstellen Sie (in einer anderen Farbe) Stichwörter und Beispiele zur Demonstration Ihrer Stärken – und wo Sie diese erworben haben.

Kopieren Sie die Stellenanzeige zunächst in ein leeres Word-Dokument, markieren Sie die relevanten Stellen uns fügen Sie Ihre Kompetenzen ein – dies gibt eine optimale Übersicht über Anforderungen und Ihre Fähigkeit, diese zu erfüllen.

Sie schaffen eine Übersicht zu den Spezifika, die Sie inhaltlich in das Anschreiben integrieren möchten, können diese direkt in Verbindung zu den Erfordernissen des Jobs setzen und beziehen sich dezidiert auf die Stellenanzeige. Je besser Ihr Lebenslauf aufgebaut ist, desto leichter wird Ihnen das fallen.

Eine solche *Arbeitsliste* wird Ihnen das Anfertigen eines Anschreibens generell extrem erleichtern.
Wenn Sie nun die Inhalte in etwa festgelegt haben, können Sie mit dem Schreiben beginnen.

6 Verfassen des Anschreibens

Der erste Satz sollte gut sein und Sie von anderen Kandidaten abgrenzen. Bitte sehen Sie möglichst von eintönigen Formulierungen wie "Hiermit bewerbe ich mich auf…" ab. Betrachten Sie den ersten Satz eher als Zusammenfassung Ihrer Kompetenz, welche die Bewerbung begründet und dem Leser gleichzeitig Lust auf mehr macht. Der erste Satz ist eine Einleitung in das Schreiben, durch welches Sie die Aufmerksamkeit und das Interesse des Lesers erringen möchten. Sinnvoll sind, je nach Anforderungen und Position, z. B. vergleichbare Formulierungen:

➢ Gerne möchte ich ab dem 01.06.2015 meine langjährige Vertriebserfahrung im [Sektor/Branche] als leitender Verkäufer bei Ihnen einbringen.

➢ Meine Kompetenzen im Bereich [Sektor/Branche] würde ich gerne ab dem 01.06.2015 gewinnbringend als [Name der Position] für Sie einsetzen.

➤ Aufgrund meiner Erfahrung im Bereich [Sektor/Branche] möchte ich Ihnen ab dem 01.06.2015 helfen, das Feld [Sektor/Branche] weiter auszubauen.

Hier sind Sie spezifisch, erklären Ihren fachlichen Hintergrund, Erfahrungshorizont und stellen dies in sinnvollen Kontext zu der (folgenden) Bewerbung. Sie begründen Ihre Qualifikation, und zwar mit Kompetenz und Erfahrung. Nichtsdestotrotz sind das doch eine sehr konservative Formulierungen. Sie können sich gerne auch auf Ihre Kenntnis der Branche oder die Relevanz der Position beziehen – zeigen Sie, dass Sie sich auskennen, indem Sie das Wesentliche zusammenfassen:

➤ Der Aufbau einer funktionellen und nachhaltigen Organisationsstruktur ist Nährboden einer erfolgreichen Personalentwicklung und Grundlage unternehmerischen Erfolgs – das ist meine Überzeugung.

➤ Als Schnittstelle zwischen Kommunikation und Vertrieb repräsentiert ein guter Online

Marketing Manager die Verbindung eines Unternehmens mit seinen Kunden.

Wie gesagt, es gibt zahlreiche Formulierungen – wichtig ist nur, dass man durch den ersten Satz etwas mehr über den Bewerber erfährt als die Tatsache, dass er sich offensichtlich bewirbt. Dieses „Mehr" an Information kann Wissen, Kompetenzen, Background oder andere Aspekte betreffen.

Der erste Satz ist zu vergleichen mit der Überschrift eines Zeitungsartikels – man versteht direkt, worum es geht und entscheidet, ob man – weil man an spezifischen Erläuterungen interessiert ist – weiterlesen möchte.

Während Sie im ersten oder zweiten Satz in der Regel einleiten, was Sie für die Position *qualifiziert*, geht es danach darum, aufzuzeigen, was Sie *motiviert*. Sie erläutern den Grund der Bewerbung, indem Sie auf Ihre momentane Situation bzw. Zielsetzung aufmerksam machen.

So entsteht die Überleitung zur spezifischen Darstellung Ihrer Erfahrungen und Kompetenzen.

➢ Mein Ziel ist es, mehr Kundenkontakt zu pflegen, von der strategischen in die operative Ebene zu wachsen und meine kommunikativen Erfahrungen an jüngere Kollegen weiterzugeben – all dies beim Marktführer im Bereich [Sektor/Branche].

➢ Der Aufbau relevanter Netzwerke, die strategische Entwicklung organisatorischer Systeme und die Personalführung qualifizieren und motivieren mich, bei Ihnen neue Herausforderungen zu meistern.

➢ Meine operativen Kompetenzen im Bereich [Sektor/Branche] möchte ich gerne hinsichtlich [spezifische Anforderung] bei Ihnen weiterentwickeln, um mich gemeinsam mit Ihnen zu entwickeln.

Dies stellt schon den ersten Bezug zur Jobanzeige dar – greifen Sie hier die spezifischen Anforderungen und Tätigkeiten auf. Dass Sie den Anforderungen auch gewachsen sind, bekräftigen Sie im weiteren Verlauf, indem Sie begründend darstellen, dass Sie über die geforderten Eigenschaften verfügen und dies bereits unter Beweis gestellt haben. Sehen Sie die Abgrenzung zwischen den ersten beiden Sätzen allerdings nicht so eng, diese sind eher ein „Gesamtwerk". Es sollte enthalten sein, was Sie können und was Sie warum möchten.

Die ersten beiden Sätze dienen der Benennung Ihrer Kompetenz sowie der Begründung des beruflichen Wunsches.

Ein anderes Beispiel für die ersten beiden Sätze, zum Beispiel für die Bewerbung bei einer Non-Profit-Organisation, könnte lauten:

➢ Die Motivation dieser Bewerbung zum Key Account Manager liegt in meiner Vision begründet, flächendeckend, messbar und wirksam eines der drängendsten sozialen Probleme in Deutschland, die Kinderarmut, abzuschaffen. Als kontaktstarker und „emotionalisierender" Kommunikationstrainer, Sozialunternehmer und Gründungsberater arbeite ich seit mehreren Jahren an der Schnittstelle zwischen Vertrieb, Marketing und dem sozialen Sektor.

Motivation, Erfahrung, Kompetenzen – hier ist alles drin. Genau diese drei Punkte sind es letztlich auch, die bei einem guten Anschreiben beachtet werden müssen.

Der erste Teil des Anschreibens enthält, was Sie können und was Sie warum möchten. Der Mittelteil dient dem „Beweis" Ihrer Kompetenzen durch spezifische Beispiele.

Der *Mittelteil* des Anschreibens (ca. drei bis fünf Sätze) dient der spezifischen Darstellung Ihrer Erfahrungen, und zwar mit Fokus darauf, was Sie geleistet- und was Sie daraus gelernt haben. Dies stellt die Verbindung zwischen Ihnen und dem Unternehmen dar (wie in den „zentralen Fragestellungen" dargestellt).

Diese Verbindung sollte man möglichst explizit machen, unter Zuhilfenahme der dort dargestellten Punkte. Auch kann hier das Word-Arbeitsdokument helfen, welches Sie erstellt haben. Die „perfekte" Struktur gibt es nicht, denn Anschreiben, Lebensläufe, Individuen und Unternehmen haben immer etwas Individuelles – man kann sich dennoch zum Beispiel grob an „Blaupausen" wie diese halten:

➢ Bereits als [Position] bei [Name des Unternehmens] habe ich gelernt, dass [Fazit, was wichtig ist, um erfolgreich zu sein]. So konnte ich während [spezifischer Zeitraum] 200 neue Kunden für [spezifischer Sektor] gewinnen.

➢ Als Recruitment Coordinator für [Name des Unternehmens] habe ich spezifische Rekrutierungsmuster entwickelt, optimiert und konnte dadurch mehr als 150 neue Mitarbeiter gewinnen und 3 neue Standorte in Deutschland eröffnen.

➢ Bereits zu Studienzeiten habe ich in der Unternehmensberatung Fuß gefasst und internationale Projekte im Bereich [Branche/Sektor] beraten, ein neues Kommunikationssystem entwickelt und konnte durch gezielte Werbemaßnahmen im B2B-Bereich den Jahresumsatz um 6 % steigern.

Der Mittelteil beschreibt Ihre Erfahrungen und belegt damit Ihre Kompetenzen.

Nutzen Sie diese – oder ähnliche – Sätze als Vorlage, um daraus zu schlussfolgern, dass Sie bestimmte Kenntnisse, Kompetenzen und Einsichten erworben haben, welche Sie (inwiefern) für die neue Position nutzen können:

➢ So bin ich bestens gerüstet, über [Erwähnung von Maßnahmen] neue Kunden für den [spezifischer Sektor] zu generieren und möchte so dazu beitragen, den Sektor [Wo liegt der (zukünftige) Fokus des Unternehmens?] weiter auszubauen.

➢ Durch meine langjährige Branchenerfahrung im Bereich [Geschäftsfeld] habe ich gelernt, dass zur Mitarbeiterrekrutierung vor allen Dingen [Skill A, B, C] nötig sind – Fähigkeiten, die ich durch [bewältigte Herausforderung] erworben habe.

Hierdurch zeigen Sie, dass Sie verstehen, worin die spezifischen Anforderungen des Unternehmens, der Branche und der Position innerhalb des Unternehmens liegen und dass Sie diesen gerecht werden. Dieser Teil ist deshalb so wichtig, weil Sie diesen auf das Unternehmen „zuschneiden" – das unterscheidet Sie möglicherweise von anderen Bewerbern. Je spezifischer, desto besser.

Achten Sie darauf, den Mittelteil der Bewerbung auf die spezifischen Anforderungen des Unternehmens und der Position zuzuschneiden.

Den *Schlussteil* können Sie nutzen, um noch einmal branchenspezifische Herausforderungen zu nennen und um darzustellen, wie Sie diesen begegnen. Es handelt sich hierbei um eine zusammenfassende Darstellung des Geschriebenen und leitet das „starke Ende" Ihres Anschreibens ein. Sorgen Sie also dafür, dass Sie im Gedächtnis bleiben.

➢ Gerade die Bereiche [XX] und [YY] stellen eine/n [Name der Position] vor enorme Herausforderungen. Daher ist es von immenser Wichtigkeit, durch [Fähigkeit/Maßnahme], Wege zu ebnen, um [Lösungen/Szenarien, welche das Unternehmen erreichen möchte] zu realisieren.

➢ Durch meine weit reichenden Erfahrungen im Bereich [Branche/Sektor] bin ich mehr als motiviert, den Sektor [XXX] mit Ihnen gemeinsam weiter auszubauen, zum Beispiel durch die Integration eines neuen Kundenmanagements.

Dies ist eine kurze Zusammenfassung. Sie verweist auf Ihre Kompetenzen, Erfahrungen und begründet Ihre spezifischen Wünsche und Ansätze. So haben Sie insgesamt dargestellt, dass Sie wissen, worauf es ankommt, wo Schwierigkeiten liegen, was man erreichen möchte und welche Strategien und Maßnahmen man dazu anwenden kann. Dass Sie dafür geeignet sind, haben Sie im Mittelteil dargestellt. Der starke erste Satz ist Ausdruck der Motivation und Kompetenz, für ein Unternehmen zu arbeiten. Merken Sie sich unbedingt:

Der Beginn eines Schreibens bestimmt, ob man es lesen möchte, der Abschluss, ob man sich den Inhalt merkt.

Daher ist es wichtig, dass Sie zum Ende nochmal kurz und prägnant darstellen, was der Leser unbedingt behalten soll. Dies sollten möglichst nicht mehr als 2-3 Punkte sein.

> ➢ Aufgrund meiner Fähigkeiten/Expertise im Sektor [XXX] möchte ich Sie bei [z. B.

Lösung zu einem Problem] gewinnbringend unterstützen und freue mich daher über die Einladung zu einem Vorstellungsgespräch.

- ➢ Basierend auf meiner Erfahrung im Bereich [XXX] freue ich mich, Sie in einem persönlichen Gespräch von meiner Eignung und Motivation zu überzeugen.

- ➢ Bezug nehmend auf meine dargestellten Fähigkeiten und Erfahrungen freue ich mich, Sie in einem Vorstellungsgespräch von meiner Person zu überzeugen.

Manchmal ist man auch dazu aufgefordert, bereits im Anschreiben eine *Gehaltsvorstellung* anzugeben. Hier ist gute Recherche absolut notwendig, denn wenn Sie zu wenig „verlangen", werden Sie entweder nicht ernst genommen, weil Sie nicht wissen, was Sie wert sind oder Sie werden gar nicht erst eingeladen, weil Sie schlichtweg zu teuer sind. Natürlich gibt es hier oft einen gewissen Verhandlungsspielraum.

Sie können die Gehaltsvorstellung daher etwas über Ihrem „gedachtem Wert" ansetzen. Dies gilt allein schon deswegen, weil das Unternehmen Sie mit Sicherheit „herunterhandeln" möchte.

Machen Sie auch hier Ihre Hausaufgaben – Sie finden online zahlreiche Gehaltsvergleiche, die nach Branchen, Sektoren, spezifischen Aufgabenstellungen und Berufserfahrung geordnet sind. Oftmals können diese Preise variieren; dennoch ist wichtig, dass Sie hier eine spezifische Zahl nennen, denn wenn Sie eine Spanne angeben, zum Beispiel 50.000 bis 55.000 €, wird man Sie bei maximal 50.000 € einstufen. Ein Satz zur Gehaltsvorstellung, denn Sie *vor* dem letzten Satz des Anschreibens positionieren sollten, kann wie folgt aussehen:

> ➢ Basierend auf meiner langjährigen Erfahrung im [XXX-Sektor] schlage ich ein Jahresgehalt von XXX € vor.

Nun haben Sie die notwendigen Rohbausteine des Anschreibens zusammen getragen und können sich an die Arbeit machen. Der Vorteil der Zeit, die Sie in die Formulierung des Anschreibens investieren, ist, dass Sie für den weiteren Verlauf gut vorbereitet sind. Außerdem verfügen Sie dann über eine Vorlage:

Wenn Sie sich auf verschiedene, vergleichbare Positionen bewerben, können Sie einige dieser Bausteine durchaus verwenden. Wichtig ist, dass Sie die unternehmensspezifischen Teile Ihres Anschreibens subjektiv gestalten und auf das Unternehmen „zuschneiden". Bedenken Sie auch, dass Sie dadurch die Erwartungshaltung des Unternehmens an Sie steuern. Je professioneller Sie schriftlich auftreten, desto ernster werden Sie auch im Vorstellungsgespräch genommen.

6.1 Nachkontrolle

Lesen Sie sich nachher das ganze Anschreiben noch einmal gründlich durch. Vermeiden sollten Sie in jedem Falle Rechtschreib-, Zeichensetzungs- und Grammatikfehler. Außerdem sollten Sie darauf achten, dass Sie klare und direkte Formulierungen wählen. Vermeiden Sie unnötig komplexe Konstruktionen mit eingeschobenen Nebensätzen und Füllwörtern.

Schreiben Sie so viel wie nötig und so wenig wie möglich: 2.200 Zeichen (ohne Leerzeichen) sollten Sie in Ihrem Bewerbungsschreiben in der Regel nicht überschreiten. Widmen Sie sich außerdem noch einmal der Word-Vorlage, in welche Sie die ursprüngliche Stellenanzeige kopiert haben. Sind alle Punkte bearbeitet, alle Anforderungen erfüllt und alle geforderten Kompetenzen begründend dargestellt? Wichtig ist es auch – die Zeit sollten Sie sich nehmen, wenn Ihnen der Job wirklich wichtig ist – sich Feedback von Freunden, Verwandten und Bekannten zu holen, natürlich idealerweise von jenen, die Ihre Bewerbung auch inhaltlich bewerten können. Fordern Sie hier gezielt Kritik ein und fragen Sie, was Sie gegebenenfalls noch verbessern können. Zur kritischen Beurteilung des Schreibens können folgende Punkte genutzt werden:

- Ist das Anschreiben klar und fehlerfrei geschrieben?
- Hat das Anschreiben einen konkreten Adressaten?
- Werden die Kompetenzen des Bewerbers hinreichend spezifiziert?
- Wird die Motivation des Bewerbers sinnvoll dargestellt?
- Ist ein Verständnis für die Erfordernisse der Position erkennbar?
- Erfüllt der Bewerber die notwendigen Anforderungen?
- Begründet der Bewerber seine Expertise hinreichend gut?
- Ist der versprochene „Mehrwert" des Bewerbers glaubhaft dargestellt?
- Sind Eintrittstermin und ggf. Gehaltswunsch enthalten?
- Ist das Anschreiben auf das Unternehmen zugeschnitten?

6.1.1 „Sonderfall" Initiativbewerbung

Eine Initiativbewerbung hat Vor- und Nachteile. Der größte Vorteil liegt darin, dass Sie möglicherweise nicht so viel Konkurrenz haben, wenn Sie sich initiativ bewerben. Dies gilt gerade für kleinere Unternehmen – bei internationalen Anwaltskanzleien oder Beratungsunternehmen macht es kaum einen Unterschied, oft werden sogar gar keine Stellen ausgeschrieben. Dadurch hat ein Personaler möglicherweise mehr Zeit, sich um Ihre Bewerbung zu kümmern. Nachteilig ist allerdings, dass es auch einen guten Grund haben kann, wenn ein Unternehmen nichts ausschreibt: nämlich, dass sie niemanden suchen.

Das würde im Umkehrschluss bedeuten, dass Sie schon sehr gut sein müssen, denn Sie „verlangen" ja implizit, wenn keine Stellen zu besetzen sind, dass für Sie eine *neue Stelle geschaffen wird*. Dies ist natürlich mit Kosten und Aufwand verbunden, weshalb Sie hier noch viel klarer und überzeugender vermitteln müssen, warum ein Unternehmen das tun sollte und welchen Mehrwert Sie ihm bieten.

Bei Initiativbewerbungen haben Sie oft weniger Konkurrenz – fragen Sie dennoch lieber nach, ob diese erwünscht sind.

Um keine „Energie" zu verschwenden, lohnt sich ein Anruf im Personalbüro. So können Sie feststellen, ob Initiativbewerbungen generell sinnvoll sind, ob es ein guter Zeitpunkt ist und an wen Sie die Bewerbung richten sollen. Solche Telefongespräche mit dem Sekretariat oder dem Personaler können sehr aufschlussreich sein, Ihnen wertvolle Informationen vermitteln und Ihnen dadurch einen „Selektionsvorteil" verschaffen. Beziehen Sie sich daher in dem Schreiben unbedingt auf das Telefongespräch oder die Mail – Hauptsache, Sie stellen klar, dass Sie sich im Vorfeld erkundigt haben, ob Bewerbungen gerade angenommen werden.

6.2   Motivationsschreiben

Einige Unternehmen erwarten zusätzlich zu den „normalen" Bewerbungsunterlagen (CV, Anschreiben, Zeugnisse, Empfehlungsschreiben, Projektportfolio etc.) ein Motivationsschreiben. Ein solches Schreiben, was oft auch als die „dritte Seite" bezeichnet wird, ist dem Anschreiben recht ähnlich, allerdings gibt es einen Hauptunterschied:

Im Bewerbungsschreiben geht es vor allem um das Unternehmen bzw. die begründete Darstellung, inwiefern und inwieweit diesem vom Bewerber ein Mehrwert versprochen wird. Der Fokus eines Motivationsschreibens ist jedoch nicht das Unternehmen bzw. die Institution, sondern der Bewerber selbst. Es ist daher eine ausführlichere und persönlichere Darstellung, warum man bei einem bestimmten Unternehmen arbeiten möchte, warum das Unternehmen gut für den Bewerber ist – und nicht umgekehrt.

Der Fokus des Bewerbungsschreibens ist das Unternehmen, der Fokus des Motivationsschreibens ist der Bewerber selbst.

Der Grund, warum es dennoch Überschneidungen zwischen dem Bewerbungs- und dem Motivationsschreiben gibt, ist offenkundig: Die Bewerbermotivation ist Teil des Bewerbungsschreibens, das Motivationsschreiben ist jedoch ausführlicher.

Sie beleuchten hier vielmehr den eigenen Lebensweg, Überzeugungen, Erkenntnisse, vielleicht sogar Werte, die Sie vertreten. Das Unternehmen möchte so herausfinden, „was für ein Mensch Sie sind", was Sie anspornt, was Sie motiviert. Wichtig ist, dass Sie das Motivationsschreiben nur verfassen sollten, wenn dies ausdrücklich gefordert ist. Es beinhaltet in der Regel folgende Punkte:

➢ Welche Erkenntnisse haben Sie aus Ihren beruflichen Erfahrungen gesammelt?
➢ Welche Werte, Strategien, Überzeugungen […] haben Sie entwickelt?
➢ Warum möchten Sie (daher) diesen Job bekommen?
➢ Was genau begeistert Sie (spezifisch) an der Position?
➢ Welche Rolle spielt der Job für Ihre persönliche Entwicklung?
➢ „Wohin" möchten Sie sich (beruflich) entwickeln?
➢ Inwiefern trägt das Unternehmen zu dieser Entwicklung bei?

➢ Welche Stärken und Talente möchten Sie auf- und ausbauen?

Im Zuge der Erstellung des Jobprofils haben Sie sich schon mit solchen Fragen auseinandergesetzt. Gleichzeitig stellt das Motivationsschreiben eine gute Übung dar, und zwar *den Übergang vom Jobprofil zur gewünschten Jobbeschreibung*. Ein Motivationsschreiben geht außerdem viel mehr ins Detail, was die Entwicklung Ihrer Kompetenzen und Interessen angeht und hat daher eine viel persönlichere Note als das Bewerbungsschreiben.

Das Motivationsschreiben ist der „Übergang" vom Jobprofil zur gewünschten Jobbeschreibung.

Fest steht aber: Wenn Sie ein Anschreiben formuliert-, Ihr Jobprofil erstellt- und die ersten Recherchen umgesetzt haben, sollte Ihnen das Motivationsschreiben leichter fallen, denn die notwendigen Daten liegen alle vor.

Außerdem ist dieses Schreiben eine zusätzliche Gelegenheit, seine eigene Motivation noch einmal zu überprüfen, denn nur wer überzeugt ist, kann auch andere überzeugen.

Ein Motivationsschreiben erläutert, was Ihnen wichtig ist und inwiefern dies durch ein Unternehmen realisiert wird.

Zusammenfassung

Bedenken Sie bei der Verfassung eines Anschreibens, dass Sie einen starken *Anfang* und ein starkes *Ende* brauchen. Die Einleitung definiert die Erwartungshaltung des Lesers und ist eine Kurzzusammenfassung Ihrer Kompetenzen. Der *Mittelteil* dient dazu, Ihre Kompetenzen zu belegen und darzustellen, was Sie gelernt haben.

Dies wiederum ist die Basis dafür, spezifische Anforderungen der neuen, von Ihnen angestrebten Position, meistern zu können. Achten Sie darauf, möglichst messbar darzustellen, was Sie erreicht haben und inwiefern dies Ihnen Erfahrungen und dem Unternehmen Vorteile gebracht hat.

Holen Sie sich zum Bewerbungsschreiben unbedingt Feedback – es erfordert eine Menge Zeit und Übung, ein Schreiben so zu erstellen, dass es seinen Leser prägnant und überzeugend erreicht – gerade dann, wenn dieser täglich eine Vielzahl von Anschreiben liest und entsprechend geübt darin ist.

Nehmen Sie die Word-Vorlage zur Hilfe um zu testen, ob Sie auf alle Anforderungen eingegangen sind. Nutzen Sie zur Nachkontrolle ebenso die hier dargestellten Testfragen und achten Sie vor allen Dingen darauf, dass Sie hinreichend gut vorbereitet sind – dann fällt das Schreiben leichter und das Ergebnis wird signifikant besser.

Im nächsten Schritt widme ich mich nun dem Bewerbungsgespräch und erläutere, wie man sich gut vorbereiten kann und wie man sich im Gespräch verhält, um „Eindruck zu schinden".

7 Das Bewerbungsgespräch

Das Gute vorab – Sie sind einen ganzen Schritt weiter gekommen als die anderen Bewerber, denn ein Unternehmen hat sich dazu entschieden, seine Zeit- und Personalressourcen dafür einzusetzen, Sie persönlich kennenzulernen. Ohne Sie zu kennen, wird also bereits in Sie investiert, was wiederum ein Zeichen der Wertschätzung ist.

Dies sollten Sie sich klarmachen und von daher haben Sie jedes Recht, „erhobenen Hauptes" in ein Bewerbungsgespräch zu gehen. Auf der anderen Seite fällt spätestens jetzt jede Form der Unehrlichkeit im Anschreiben oder Lebenslauf auf. Daher sollten Sie in jedem Falle ehrlich sein. Es ist völlig legitim, sich in einem positiven Licht darzustellen, das ist völlig natürlich und nachvollziehbar.

Aber nennen Sie sich nicht Marketing-Experte, wenn Ihnen Begriffe wie „Early Adopter" und „Branding" nichts sagen. Und wenn Sie schon erwähnen, auch Soziologie studiert zu haben, sollten Sie zumindest wissen, was ein „Sinus-Milieu" ist. Wenn Sie ein „interessierter und kommunikativer"

Typ sind, sollten Sie nicht still dasitzen und keine Fragen stellen und– seien Sie einfach authentisch und behaupten schlichtweg nichts, was (offensichtlich) nicht richtig ist. Gehen Sie „erhobenen Hauptes" in das Bewerbungsgespräch und bleiben Sie unbedingt bei der Wahrheit.

Wichtig ist: Sie haben die Karten in der Hand, da Sie die Informationen kontrollieren, die Sie (schriftlich) herausgeben. Dadurch steuern Sie die Erwartungshaltung an Ihre Person. Diesen Gedanken muss man sich zunutze machen. Im Bewerbungsgespräch muss man aber auch „liefern" – das wiederum müssen Sie aber als Chance verstehen.

Ein Bewerbungsgespräch ist wie ein erstes Date – man lernt sich besser kennen und stellt sich in einem positiven Licht dar.

Sie haben jetzt also eine Chance bekommen, aber noch ist nichts entschieden. Genau das müssen Sie sich klarmachen. Darin besteht aber auch ein Vorteil für Sie, denn es geht nicht nur darum, dass *Sie* sich in einem guten Licht darzustellen.

Es geht auch darum, sich ein Bild des Gegenübers zu machen – in dem Fall von dem Unternehmen, welches Sie kennenlernen möchten. Sie haben ja bereits eine Liste erstellt, was Sie möchten und was Ihnen wichtig ist. Genau solche Aspekte sind in jedem Falle auch Teil des Bewerbungsgespräches, denn „auf Teufel komm raus" einen Job zu bekommen, ist nicht immer die beste Wahl, wenn ein Unternehmen nicht Ihren Wünschen und Vorstellungen entspricht.

Klar, man sagt oft, den „perfekten" Job gäbe es nicht. Unabhängig davon, dass ich das für eine Ausrede halte, um seine eigene Unzufriedenheit (vor sich) zu rechtfertigen, ist es natürlich richtig, dass man auch pragmatisch denken muss – überlegen Sie sich daher (am besten vorher), in welchen Bereichen Sie kompromissbereit sind. Letztlich halte ich mich hier allerdings an ein einfaches Credo:

Um wirklich gut in etwas zu werden, muss man Freude daran haben – oder man verschwendet seine Zeit.

Daher ist gute Vorbereitung so wichtig. Mit diesem Selbstbewusstsein, welches auf der Kenntnis der eigenen Fähigkeiten und Wünsche beruht, sollten Sie auch in das Bewerbungsgespräch gehen. Das Unternehmen muss Sie mögen und umgekehrt, damit Sie gegenseitig voneinander profitieren können, daher ist ein Bewerbungsgespräch ein „Beschnuppern" auf Augenhöhe.

7.1 Vorbereitung des Gesprächs

Wenn Sie zu einem Bewerbungsgespräch eingeladen werden, können Sie die Zeit zur Vorbereitung gut nutzen. Das Wichtigste ist, möglichst viele Informationen über das Unternehmen herauszufinden, aber auch über die Branche insgesamt. Wenn Sie sich hier gut auskennen, spricht das in jedem Falle für Sie.

Auch sollten Sie sich kurz vorher nochmals mit der Stellenanzeige und CV und Anschreiben befassen – nehmen Sie diese Unterlagen daher zum Termin mit. Wenn Sie in Ihrer Recherche interessante Statistiken und Reporte finden: Bringen Sie diese ebenfalls mit. „Zu gut vorbereitet" gibt es nicht und die

Aneignung von branchenspezifischem Wissen bringt Ihnen auch dann etwas, falls es mit diesem Job doch nicht klappen sollte. Sie sollten außerdem in jedem Falle vorab klären, wie lange das Gespräch dauert und was Sie in etwa erwartet. Es ist zum Beispiel nicht selten, dass Sie, neben dem Gespräch, auch den einen oder anderen Test absolvieren müssen. Versuchen Sie, im Vorfeld möglichst viele Informationen zu bekommen, was Sie konkret erwartet und wie Sie sich entsprechend optimal vorbereiten können. Abgesehen davon – auch wenn es sich von selbst verstehen sollte – achten Sie auf Folgendes:

- Pünktlichkeit – planen Sie Ihre Route
- Besser „overdressed" als „underdressed"
- Nehmen Sie Stift, Papier, CV, Anschreiben und Stellenbeschreibung mit
- Denken Sie an die Kontaktdaten des Gesprächspartners
- Gehen Sie nicht mit nüchternem Magen ins Gespräch
- Erscheinen Sie ausgeschlafen und fit zum Interview

➢ Bereiten Sie schriftlich eigene Fragen an den Personaler vor

7.2 Beginn des Gesprächs

Der Beginn eines Gespräches definiert die Erwartungshaltung und hier entscheidet der Personaler, ob er Sie sympathisch findet oder nicht. Daher ist der erste Kontakt möglicherweise sogar die wichtigste Phase im ganzen Gespräch. Seien Sie daher pünktlich und achten Sie unbedingt auf angemessene, das heißt, dem Unternehmen entsprechende, Kleidung.

Hier gilt: Besser „overdressed" als „underdressed", denn während das Erste ein Zeichen von Ernsthaftigkeit ist, kann Zweiteres als mangelndes Interesse gedeutet werden. Zu Beginn werden Sie in der Regel mit etwas „Smalltalk" konfrontiert – dies dient der Auflockerung. Ob Sie den Weg gut gefunden haben oder etwas trinken möchten … solange Sie hier höflich bleiben und nicht unnötig lange erzählen, wie oft Sie umsteigen mussten, kann man hier nicht viel falsch machen, also entspannen Sie sich.

Wichtig ist, während des Gesprächs einige Grundregeln zu beachten:

7.3 Grundregeln der Gesprächsführung

Wenn Sie zu einem Gespräch eingeladen sind, sollten Sie auf ein paar Dinge unbedingt achtem um Ihre professionelle Ernsthaftigkeit unter Beweis zu stellen. An sich „sollte" dies selbstverständlich sein – dennoch wird es hier sicherheitshalber noch einmal erwähnt:

➢ Stellen Sie sich mit Ihrem Namen vor
➢ Achten Sie auf einen festen Händedruck
➢ Merken Sie sich unbedingt den Namen des Personalers
➢ Setzen Sie sich erst nach Aufforderung
➢ Lassen Sie Ihr Gegenüber stets ausreden
➢ Stellen Sie bei Unklarheit unbedingt Rückfragen
➢ Halten Sie Ihre Antworten kurz, aber bestimmt
➢ Achten Sie auf eine aufrechte, offene Körperhaltung
➢ Suchen Sie den Blickkontakt

- Machen Sie sich während des Gespräches Notizen
- Bereiten Sie unbedingt eigene Fragen für das Ende des Gesprächs vor
- Reden Sie niemals (!!!) schlecht von früheren Arbeitgebern
- Vermeiden Sie generell überzogene Selbstdarstellung
- Vermeiden Sie ebenso „Bittstellerei" – seien Sie selbstbewusst

7.4   Fragen an den Bewerber

Das Bewerbungsgespräch hat zum Ziel, herauszufinden, ob Sie zum Unternehmen passen. Daher stellen Ihnen Personaler auch „persönliche" Fragen – Dinge, die nicht unbedingt im Lebenslauf stehen. Viele dieser Fragen sind typisch und daher zu erwarten – umso besser für Sie, denn das bedeutet, dass Sie sich gut darauf vorbereiten können.

- **Erzählen Sie uns etwas über sich!**

Entscheidend ist hier nicht das WAS, sondern das WARUM. Ihren Lebenslauf kennt der Personaler. Sie sollten natürlich Bezug nehmen zu dem, was für

den Job relevant ist, hier geht es aber eher darum, was Sie zum Beispiel in bestimmten Positionen gelernt haben (auch ein guter Bonus für Rückfragen, wenn man Erfolge demonstrieren kann). Vor allem sollten Sie hier etwas über Ihre Motivation erzählen. Was ist Ihnen persönlich wichtig?
Warum haben Sie damals ein bestimmtes Studienfach gewählt? Wie gehen Sie mit Menschen um? Wie sieht ein optimales Arbeitsumfeld für Sie aus?

Im Prinzip geht es darum, eine kurze „Entwicklungsgeschichte" von sich selber zu zeichnen, einen Lebensweg, der optimalerweise darin mündet, dass Sie genau jetzt diesen Job haben möchten, da Ihre Wünsche und Anforderungen so realisiert werden können. Wenn Sie zum Beispiel „schon immer daran interessiert waren", dass [hier Interessen einfügen] und daher [Job/Studium/Praktika] absolviert haben und sich jetzt in einem bestimmten Bereich fortbilden möchten, dann ist das ein guter Ansatz, denn Sie verstehen, was das Unternehmen tut und möchten daher zur Wertschöpfung beitragen, „passen" inhaltlich und sind an Fort- und Weiterbildungen interessiert – eine sehr gute Mischung.

Sie sind generell gut beraten, wenn Sie Ihre intrinsische Motivation darlegen können – vielleicht haben Sie auf einer Reise eine wichtige Erkenntnis erhalten oder ein bestimmtes Buch gelesen? Vielleicht hat Ihnen Ihr Großvater etwas klargemacht, als Sie noch ein kleines Kind waren? Erzählen Sie von Ihrer Freizeit, wenn es einen sinnvollen Zusammenhang zum Job gibt.

Man erzählt etwas „über sich", um seine intrinsische Motivation zu begründen und seinen Lebensweg kausal mit dem angestrebten Job in Verbindung zu bringen.

➤ **Wieso haben Sie sich bei uns beworben?**
Diese Frage sollte ein „Heimspiel" für Sie sein. Es ist eine Zusammenfassung Ihres Wunsches, Ihrer Vorbereitung, Ihrer Bewerbung. Sie sollten wissen, warum Sie sich bewerben, bevor Sie das tun. Motivation und den „richtigen" Job zu finden, wurde im Vorfeld bereits thematisiert. Falls nötig, lesen Sie nochmals Ihr Jobprofil und ggf. das erstellte Motivationsschreiben. Auch kann es sinnvoll sein, nochmals das Anschreiben zu sichten.

Überzeugte und durchdachte Entscheidungen sind für Sie von Vorteil, weil Sie dadurch gezielt und effizient handeln. Für den Personaler ist es ebenso vorteilhaft, wenn er Ihre Beweggründe (er)kennt, weil Sie dadurch zeigen, ob Sie ein ernsthaftes Interesse haben und vor allem, ob Sie planerisch vorgehen (können).

> **Wieso möchten Sie Ihren Job wechseln?**

Falls Sie sich „aus einem Job heraus" bewerben, sollten Sie behutsam vorgehen: Wichtig ist vor allem, dass Sie nicht schlecht über Ihren jetzigen Arbeitgeber reden. Konzentrieren Sie sich auf die Erweiterung von Aufgaben- und Kompetenzbereichen sowie persönlichen Entwicklungspotenziale. Jobwechsel sind „heutzutage" nichts Unübliches mehr und gerade qualifizierte Personen planen die eigene Karriere oft unabhängig von Firmen, sondern fokussieren sich mehr auf die eigenen Kompetenzen. Wenn Sie aufgrund von äußeren Umständen nicht mehr glücklich sind, sollte man dies behutsam kommunizieren:

Wenn Sie zum Beispiel nicht mit Ihren Vorgesetzten auskommen, wird das im Bewerbungsgespräch eher Ihnen zur Last gelegt – unabhängig vom eigentlichen Grund Ihres Wechsels sollten Sie daher stets darauf achten, eine positive Formulierung zu wählen und lieber gut von sich, statt schlecht über Ihren jetzigen Arbeitgeber zu reden.

> **Wieso sollten wir gerade Sie einstellen?**

Diese Frage kommt nicht unbedingt auf Sie zu, wenn Sie die ersten beiden Fragen gut gemeistert haben, denn inhaltlich ist diese sehr ähnlich. Es geht nicht darum, zu behaupten, besser als *alle* anderen zu sein – das wäre zu „dick aufgetragen". Machen Sie einfach klar, was Sie auszeichnet – je spezifischer, desto besser.

Stellen Sie hier Ihre Stärken heraus und setzen Sie diese in direkte Verbindung zu dem angeforderten Profil.

Sie können dabei gerne direkt auf die Stellenanzeige referieren. Relevante Vorerfahrungen oder Zusatzkenntnisse sind auch an dieser Stelle sinnvoll anzumerken.

➤ Was sind Ihre Stärken?

Das ist eine klassische Frage, die man gut beantworten kann – bereiten Sie sich unbedingt darauf vor. Wichtig ist hier vor allem, wie Sie Ihre „behaupteten" Stärken begründen können. Sagen Sie nicht einfach: „Ich bin kommunikativ und arbeite gut im Team.", sondern begründen Sie, warum Sie dies denken bzw. nennen Sie konkrete Beispiele, bewältigte Herausforderungen und/oder frühere Tätigkeiten.

Geben Sie immer konkrete Beispiele für Ihre Stärken: Wann haben Sie diese bereits unter Beweis gestellt?

Fangen Sie generell mit den „schwächsten" Stärken an. Das hat den Hintergrund, dass Sie Ihren „Trumpf" bis zum Ende in den eigenen Händen halten. Natürlich sollten Sie hier auf eine realistische

Selbsteinschätzung achten. Es herrscht ein schmaler Grat zwischen Selbstbewusstsein und Selbstüberschätzung. Einige „klassische" Stärken sind:

- eine schnelle Auffassungsgabe
- Zuverlässigkeit
- zielorientiertes Arbeiten
- gute Priorisierungsfähigkeiten
- hoher Grad an Selbstorganisation
- professioneller Umgang mit Fehlern

Behaupten Sie nie etwas, wenn Sie auf Rückfrage nicht „liefern" können.

Überlegen Sie sich vorher, welche Ihrer Stärken für die Position wichtig sind. Stellen Sie das dann im Gespräch dar, begründen Sie dies immer mit der Bewältigung früherer Aufgaben und stellen Sie so den Bezug zur angestrebten Position her. Eine Formulierung hierzu könnte in etwa so aussehen:

„Meine Stärken im organisatorischen Bereich habe ich bei der Koordination des letzten Projektes [oder anderes Beispiel] unter Beweis gestellt, indem ich

[Herausforderung einfügen] bewältigt habe. Daher denke ich auch, in der Position als [Job einfügen] den Überblick zu behalten und mich schnell einzufinden."

➢ Was sind Ihre Schwächen?

Vor dieser Frage haben viele Bewerber – absolut grundlos – Angst. Es gibt keine Menschen ohne Schwächen. Sie sind nicht perfekt und Ihr potenzieller Arbeitgeber weiß das. Was uns als Menschen „stark" macht, ist der *Umgang* mit unseren Schwächen. Natürlich handelt es sich hierbei um eine Abwägungsfrage – wenn Sie sich für eine Position in der Buchhaltung bewerben, wäre eine „leichte Zahlenschwäche" eher unglücklich. Seien Sie hier einfach ehrlich. Der Trick, der diese Frage an sich erschreckend einfach zu beantworten macht, ist der, aus Schwächen Stärken zu machen, denn:

Eine Schwäche ist nichts weiter als eine Herausforderung, die es zu bewältigen gilt.

Vielleicht sind Sie bei einem bestimmten Computerprogramm, welches für Ihre Position wichtig sein könnte, noch kein „Vollblut-Experte", besuchen aber deswegen gerade einen Abendkurs. Oder Sie haben Probleme, vor Menschen zu sprechen und brauchen in ihrem Job – gerade in „Kreativ-Phasen" – auch manchmal Zeit für sich. Vielleicht möchten Sie teilweise einfach zu viel auf einmal erreichen, weil Sie tendenziell übermotiviert sind – haben aber genau daher gelernt, Prioritäten zu setzen, um effektiv zu arbeiten.

Auch hier bieten sich natürlich Beispiele an – ein besuchter Kurs, ein genutztes Programm oder ein bestimmtes Organisationssystem. Andererseits:

Wenn Sie zum Beispiel eher ungeduldig sind, kann das auch bedeuten, dass Sie Dinge erledigen möchten – es geht also nicht nur darum, wie Sie mit einer Schwäche umgehen, sondern auch, wie Sie diese (im Bestfall „ins Positive") formulieren. Das ist ein gutes Zeichen, es demonstriert Ihren Arbeitseifer. Klassische „Schwächen", die man sehr gut zu Stärken machen kann, sind beispielsweise:

- ➤ Übermotivation
- ➤ Vorübergehende fachliche Defizite
- ➤ Kommunikative Schwächen
- ➤ Ungeduld

> **Stellen Sie Ihre Schwäche als Stärke dar, um zu demonstrieren, wie Sie mit Unzulänglichkeiten umgehen – so finden Sie immer einen „starken" und „positiven" Abschluss.**

➤ **Wo sehen Sie sich in fünf Jahren?**

So möchte der Personaler herausfinden, ob Ihre Vision zum Unternehmen bzw. zur Position passt, denn diese ist im Unternehmen in eine „Gesamtlogik" eingebunden. Daher ist es wichtig, dass Sie eine Vision haben, welche mit den Anforderungen des Unternehmens bzw. der Position übereinstimmt. So stellt sich auch klar heraus, ob Sie eine Strategie verfolgen (denn dann sind Sie intrinsisch motiviert und ehrgeizig), Prioritäten setzen und ein langfristiges Interesse an dem Unternehmen haben.

Schildern Sie Ihre Vorstellung davon, was Sie in 5 Jahren erreicht haben möchten und setzen Sie dies in Bezug zur angestrebten Position. Wachstum, Auf- und Ausbau Ihres Aufgaben- und Kompetenzbereichs sind „klassische Kandidaten" für eine sinnvolle Antwort auf diese Frage. Wichtig ist nur, dies bezüglich der angestrebten Stelle zu spezifizieren.

Wer Karriereziele verfolgt, ist intrinsisch motiviert – gleichen Sie diese außerdem unbedingt mit den Zielen des Unternehmens ab.

➢ **Wie würden Ihre Freunde Sie beschreiben?**
In dieser Frage geht es um die Bewertung von Selbst- und Fremdwahrnehmung. Hier ist es wichtig, auf Eigenschaften wie „Verlässlichkeit" und „Loyalität" einzugehen. Eigentlich versteht sich das von selbst, denn in der Regel sind dies ohnehin Eigenschaften, die eine Freundschaft bestimmen. Stellen Sie dar, welche Rolle Sie in sozialen Gefügen einnehmen. Sind Sie eher Beobachter oder Handelnder?

Sind Sie der aufmerksame Zuhörer, dem sich die Freunde „anvertrauen" oder nehmen gerne die Zügel in die Hand? Sie merken bereits: Sich ein gutes Bild von den Anforderungen der Position gemacht zu haben, ist jetzt von Vorteil – denn dann können Sie die geforderten Eigenschaften demonstrieren.

➢ **Was haben Sie zwischen [A] und [B] gemacht?**

Eine „Lücke" im Lebenslauf zu haben, ist nicht unbedingt optimal, aber auch kein K.O.-Kriterium, immerhin sind Sie zu einem Gespräch eingeladen worden. Der Personaler möchte also wissen, wie Sie Ihre Freizeit nutzen (waren Sie auf Reisen?) oder wie Sie mit „Krisen" umgehen. Vielleicht waren Sie in einer „Orientierungsphase".

Wenn Sie zum Beispiel mit dem Rucksack unterwegs waren, sollte das ohnehin in Ihrem Lebenslauf stehen – denn es ist nicht nur eine tolle Erfahrung, sondern auch für die persönlich Entwicklung förderlich.

Das wiederum ist natürlich gut für den potenziellen Arbeitgeber. Vielleicht haben Sie aber auch eine Sprache gelernt, eine Fortbildung gemacht oder dergleichen. Wichtig ist vor allem eines:

Stellen Sie dar, was Sie während der „Lücke" im Lebenslauf (Produktives) getan haben und inwiefern das wichtig für Sie war.

7.5 Interaktion

Im obigen Teil beantworten Sie vor allen Dingen Fragen, stellen sich in einem guten Licht dar und demonstrieren Branchenkenntnis. Im Optimalfall zeigen Sie, dass Sie nicht nur geeignet, sondern auch gut vorbereitet sind, zum Beispiel dadurch, dass Sie bei der Beantwortung der Fragen auf konkrete Details eingehen. Das können bestimmte Kundengruppen sein, die Sie namentlich benennen können, relevante Branchenzahlen, neue Gesetzeslagen, Beispielrechnungen für die Umsatzplanung (das WIE zählt mehr als das WAS) etc. Kurzum:

Reden Sie, als wären Sie gewissermaßen bereits ein „Teil" der Branche und stellen Sie dar, warum Sie qualifiziert und motiviert sind.

Der Personaler wird Ihnen aber auch einiges über den Job und das Unternehmen erzählen. Seien Sie hier ganz besonders aufmerksam. Verständnisfragen können Sie gerne stellen, ansonsten machen Sie sich Notizen und stellen inhaltliche Fragen am Ende.

➢ **Haben Sie noch Fragen?**

Ein guter Bewerber ist ein interessierter Bewerber – je mehr Sie sich im Vorfeld mit dem Unternehmen beschäftigt haben, desto mehr Fragen – oder vielleicht sogar die eine oder andere kritische Anmerkung – sollten Sie jetzt haben.

Das ist Ihre Chance, auch für sich zu entscheiden, ob das von Ihnen „ausgewählte" Unternehmen auch zu Ihnen passt. Fest steht: Wenn Sie keine Fragen haben, vermitteln Sie dem Personaler, dass Sie entweder kein wirkliches Interesse an der Position beziehungsweise dem Unternehmen haben oder schlimmer noch: Sie haben sich im Vorfeld nicht mit dem Unternehmen beschäftigt. Vermeiden Sie diesen klassischen Anfängerfehler.

Bereiten Sie in jedem Falle Fragen für das Gesprächsende vor – so demonstrieren Sie Engagement, Kompetenz und Interesse.

Wie immer gilt, dass Fragen individuell sind, je spezifischer, desto besser – dennoch seien hier ein paar Vorschläge genannt, die beispielhaft bestimmte Kategorien abdecken. Der Vorteil ist, dass Sie auf ein riesiges Arsenal an guten Fragen zurückgreifen können. Nur einige wenige Dinge sollten Sie vermeiden, darauf sei hier zunächst hingewiesen:

> **Stellen Sie keine „dummen" Fragen!**

Das mag offensichtlich klingen, aber Fragen nach Unternehmensgröße, Anzahl der Mitarbeiter oder Filialen sind im Vorstellungsgespräch völlig fehlplatziert. Erstens kann man das ganz einfach selber nachlesen, zweitens zeigen Sie durch die Frage, dass Sie genau dies offenbar nicht getan haben und drittens sollten Sie die Zeit lieber nutzen, um Informationen „zwischen den Zeilen" bzw. zu Ihrem konkreten Arbeitsalltag und -umfeld zu erfragen.

> **Stellen Sie keine unspezifischen Fragen!**

Wenn Sie zum Beispiel wissen möchten, wie die „Stimmung im Team" ist, kann man das durchaus nachvollziehen, aber das ist nun wirklich schwer zu pauschalisieren. Genauso ist es nicht ratsam, zu fragen, ob der zukünftige Vorgesetzte sympathisch ist, denn Sie bringen Ihr Gegenüber dadurch in eine sehr peinliche Lage – Sie können vom Personaler nicht erwarten, schlecht über eine Führungskraft zu sprechen, schon gar nicht vor einem Unbekannten.

> **Sprechen Sie nicht direkt über Geld!**

Wenn Sie sich für eine Position bewerben, sollten Sie wissen, was der Branchendurchschnitt ist – daher haben Sie bereits eine sehr genaue Vorstellung, eine Zahl oder zumindest einen Bereich (z. B. 50.000 – 55.000 €), der Ihnen vorschwebt.

Die Gehaltsverhandlungen kommen noch früh genug. Wenn Sie aber direkt nach dem Gehalt fragen, kann das bedeuten, dass Sie nicht wissen, was Sie „wert" sind – eine denkbar schlechte Ausgangssituation. Seien Sie hingegen selbstbewusst, wenn das Thema Geld angesprochen wird – das passiert ohnehin von ganz allein, und zwar in der Regel spätestens im zweiten Gespräch. Einige Beispiele für gute – und immer wieder gestellte – Fragen sind:

➢ Wie sieht ein typischer Arbeitstag aus?
➢ Was erwarten Sie in den ersten 3 Monaten von mir?
➢ An welchen (aktuellen) Projekten werde ich beteiligt sein?
➢ Wie funktionieren die Team- und Führungsstrukturen?
➢ Gibt es regelmäßige Reportings und Feedback-Runden?
➢ Was sind die größten Herausforderungen für das Unternehmen?
➢ Gibt es die Möglichkeit, den Arbeitsplatz zu sehen?

- ➢ Gibt es die Möglichkeit, mit Mitarbeitern zu sprechen?
- ➢ Welche Weiterbildungs- und Aufstiegschancen gibt es?
- ➢ Wie kann ich mich optimal auf den Arbeitsbeginn vorbereiten?

7.6 Einstellungstests

Neben Ihren fachlichen Qualifikationen, persönlichen Motiven und Einstellungen sind Unternehmen natürlich auch daran interessiert, wie Sie sich „in Aktion" verhalten. Daher ist es nicht unüblich, Ihnen im Laufe des Gesprächs verschiedene Aufgaben zu stellen, die so – oder in ähnlicher Form – in einem Unternehmen vorkommen könnten bzw. bereits eingetreten sind. Folgendes möchte man durch solche Tests über Sie herausfinden:

- ➢ Wie effektiv arbeiten Sie unter Zeitdruck?
- ➢ Wie strukturieren Sie vorhandene Informationen?
- ➢ Wie begründen Sie Priorisierungen?
- ➢ Welche Lösungsansätze / Modelle nutzen Sie?
- ➢ Zu welchen Ergebnissen kommen Sie?

➢ Wie überzeugend präsentieren Sie diese?

➢ Wie bestimmen Sie die nächsten notwendigen Schritte?

Je nach Branche kann man sich auf solche Tests einigermaßen gut vorbereiten. Zunächst sollten Sie natürlich herausfinden, ob es überhaupt dazu kommt. Abgesehen davon sind Sie inhaltlich grundsätzlich gut gewappnet, wenn Sie Ihre „Hausaufgaben" gemacht haben, das heißt, die Geschäftsfelder des Unternehmens kennen, die Kundengruppen, zentrale Methoden und Ansätze sowie Marktentwicklungen. Es wurde bereits darauf hingewiesen, wie essenziell eine gute Vorbereitung ist.

Oftmals findet man branchenspezifische Beispielaufgaben online. Nutzen Sie hierzu auch Ihre persönlichen Netzwerke: Wenn Sie einen Bekannten haben, der bereits in der Branche oder sogar dem Unternehmen arbeitet, ist das Gold wert. In jedem Falle sollten Sie lernen, „laut zu denken" und Ihre Schritte zu dokumentieren bzw. begründen zu können. Bekanntlich führen viele Wege nach Rom und viele „Problemstellungen", denen sich Unternehmen gegenüber sehen, sind nicht rein *objektiv* zu beantworten.

Neben dem Wissen, was Sie haben sollten, zählt auch, wie Sie Entscheidungen begründen.

Die „richtige" Art und Weise, wie man eine Verhandlung führt, die nächste strategische Entscheidung des Geschäftsausbaus, welche geschäftlichen Partnerschaften man neu ausbauen möchte, wie die Quartalszahlen zu interpretieren sind und an welchen „Schrauben" zu drehen ist und warum: All dies sind *subjektive* Fragestellungen.

Indem Sie Ihre Ergebnisse präsentieren, sind Sie faktisch bereits Teil einer betriebsinternen Diskussion, werden also direkt „ins kalte Wasser geworfen". Dies ist auch für Sie von unschätzbarem Wert, denn Sie merken recht schnell, worum es geht und wissen dadurch, was Sie sich zutrauen können oder möchten und woran Sie möglicherweise noch arbeiten sollten.

Es gibt auch andere Wege, Ihre sprachlichen, analytischen, strategischen und kombinatorischen Fähigkeiten zu testen. So kann es Ihnen passieren, dass Sie Tests absolvieren müssen, die weniger mit dem Unternehmen bzw. der beruflichen Realität zu tun haben, als vielmehr mit Ihnen als Person. Je nach Branche – das kann man wirklich nicht verallgemeinern – kann es daher sinnvoll sein, sich auch hierauf einzustellen und entsprechend zu „trainieren". Im nächsten Kapitel werde ich darauf eingehen, wie man den Bewerbungstermin abschließen kann und worauf in der Nachbereitung zu achten ist.

7.7 Gesprächsabschluss und Nachbearbeitung
Prüfen Sie am Ende, ob beim Personaler Fragen offen geblieben sind. Das ist zwar in der Regel nicht der Fall, zeugt aber davon, dass Sie Rede und Antwort stehen können und wollen und nicht nur ein „Programm runterspulen".

Zum Abschluss sollten Sie erfragen, wie es weitergeht und gegebenenfalls, ob der Personaler noch etwas braucht (vielleicht haben Sie noch etwas Spannendes im Portfolio, was er sich gerne noch einmal genauer angucken möchte). Ansonsten bedanken Sie sich für die Zeit und das Gespräch, verabschieden Sie sich mit einem freundlichen Lächeln, einem festen Händedruck und verlassen Sie das Büro.

Nach etwa zwei Tagen ist es außerdem sinnvoll, sich nochmals per Mail zu bedanken. Auch dies ist eine Gelegenheit, auf Dinge einzugehen, die eventuell offen geblieben sind. Vielleicht haben Sie auch eine spannende Information erhalten, die für das Unternehmen relevant sein könnte. Wichtig ist, dass Sie sich wieder „auf den Plan rufen". So zeigen Sie Initiative und heben sich dadurch von anderen Bewerbern ab. Gerade in „heutigen Zeiten" sind es oft Kleinigkeiten, die im Beruf entscheiden können.

Wenn viele Bewerber gleiche oder ähnliche Eignungen vorweisen, sind es oft die Kleinigkeiten, die für Personaler-Entscheidungen maßgeblich sind. Natürlich sollten Sie auch selber das Gespräch reflektieren: Analysieren Sie, was gut und was weniger gut gelaufen ist – um beim nächsten Mal besser vorbereitet zu sein.

Natürlich haben Sie ebenso das Recht, Fragen zu stellen, denn auch Sie brauchen schließlich Informationen, um sich die Frage zu beantworten, ob Sie sich eine Zusammenarbeit vorstellen können. Außerdem ist es sehr wichtig, „die Augen offenzuhalten" – es gilt: Solange Sie keinen positiven Bescheid von einem Unternehmen bekommen haben, sind Sie in der Bewerbungsphase – also bleiben Sie aktiv.

Überlegen Sie in Ruhe, ob auch Sie für das Unternehmen arbeiten möchten.

Zusammenfassung

Das Bewerbungsgespräch verfolgt den Zweck, Ihre fachlichen und persönlichen Kompetenzen zu ermitteln. So möchte der Personaler herausfinden, ob Sie zu dem Unternehmen passen. Selbstverständlich ist das Gespräch auch für Sie die Möglichkeit, dies für sich herauszufinden. Neben den „gängigen" Kommunikationsregeln, die man unter „Höflichkeit" bzw. „Professionalität" subsummieren kann, geht es vor allem darum, Ihre Motivation begründend darzustellen, Ihre Stärken zu belegen und dadurch einen Mehrwert für das Unternehmen zu vermitteln. Je konkreter Sie bleiben, desto besser und je mehr Sie über die Bedürfnisse des Unternehmens wissen, desto höher sind Ihre Erfolgschancen.

Zeigen Sie unbedingt Engagement durch gute Vorbereitung und bringen Sie Fragen mit, die Sie am Ende des Gesprächs selber stellen können. Bedenken Sie: Ihr Lebenslauf bzw. die von Ihnen eingereichten Bewerbungsunterlagen sind die „Eintrittskarte" für ein Bewerbungsgespräch – sie garantieren aber noch lange keinen Job. Sie sollten unbedingt im Vorfeld herausfinden, ob Einstellungstests auf Sie zukommen, denn oftmals wird Ihre fachliche Kompetenz so direkt „vor Ort" getestet.

Es gibt zahlreiche Möglichkeiten, hierzu Informationen zu sammeln und sich vorzubereiten, damit man seine Erfolgschancen erhöht. Sprechen Sie mit dem Personaler oder Sekretariat, um so schnell wie möglich so viel wie möglich herauszufinden. Nach einem Gespräch ist es außerdem immer wichtig, sich wieder „auf den Plan" zu rufen und sich freundlich zu bedanken. Bekunden Sie nochmals Ihr Interesse – falls gegeben – an der Position und demonstrieren Sie dadurch Ihren Ehrgeiz und Ihre Ernsthaftigkeit.

Im Folgenden weise ich darauf hin, dass trotz aller Vorbereitung und der geeigneten Motivation natürlich die Möglichkeit gegeben ist, dass man einen Job nicht bekommt. Welche Vorteile es bringt, sich daher stets weiter zu bewerben und welche produktiven Erkenntnisse man auch aus Absagen ziehen kann, ist daher Gegenstand des nächsten Kapitels.

8 Bleiben Sie aktiv

Es gibt leider zu oft das Phänomen, dass Bewerber alles „auf eine Karte" setzen. Das ist aus mehreren Gründen unklug, beginnend damit, dass man meistens mit anderen Bewerbern konkurriert und daher seine Chancen steigern sollten, indem man die Augen offenhält. Darüber hinaus entsteht auch eine gewisse „Abhängigkeit", wenn man eine bestimmte Position unbedingt haben möchte, denn man wird unflexibel, „versteift" sich und bewirbt sich nicht weiter.

Genau daher sollte man dem vorbeugen und stets „am Ball" bleiben. Außerdem bleibt man „im Training", wenn man verschiedene Bewerbungsprozesse parallel laufen lässt. Ein weiterer Vorteil könnte sein, dass Sie im Gespräch – auf Rückfrage – auch darauf hinweisen *können,* dass noch andere Unternehmen an Ihnen interessiert sind, denn das steigert Ihren Marktwert. Daher gilt in jedem Falle:

Unabhängig von Ihrer momentanen „Phase" – bewerben Sie sich in jedem Fall weiter.

8.1 Umgang mit Absagen

Ob nach Eingang des Bewerbungsschreibens, nach dem ersten oder zweiten Bewerbungsgespräch oder zu einem anderen Zeitpunkt: Man muss immer darauf eingestellt sein, eine Absage zu erhalten. Man konkurriert in der Regel mit Menschen, die gleiche oder ähnliche Qualifikationen haben, daher ist es oftmals, rein statistisch, wahrscheinlicher, einen Job nicht zu erhalten. Es kann dafür eine Vielzahl von Gründen geben: Vielleicht hat jemand anders in einem bestimmten Bereich mehr Berufserfahrung als Sie, vielleicht sind Ihre formalen oder persönlichen Qualifikationen nicht ausreichend oder Sie „passen" schlichtweg nicht zur Unternehmenskultur.

Ich möchte hier nicht alle möglichen Gründe aufführen, warum es bei einem Unternehmen nicht klappen könnte, Sie haben diesbezüglich möglicherweise schon selbst Erfahrungen gemacht. Dieses Kapitel dient der Darstellung, wie man mit Absagen umgehen kann, um dennoch „gestärkt" aus dem Bewerbungsprozess herauszugehen – denn wirklich „umsonst" ist eine „Bewerbungsrunde" eigentlich nie. Außerdem wird erläutert, warum es extrem vorteilhaft ist, nicht alles auf eine Karte zu setzen und sich stets weiter zu bewerben.

8.2 Was man vom Bewerbungsprozess lernt

Unabhängig von dem Ausgang ist dieser Abschnitt der Überzeugung geschuldet, dass man aus jedem Bewerbungsprozess etwas lernen kann. Was das alles sein kann, ist Gegenstand des vorliegenden Kapitels.

Sie gewinnen Einblicke in die Branche

Wenn Sie es ins Bewerbungsgespräch schaffen, geht es nicht nur um Sie, sondern auch darum, dass sich das Unternehmen vorstellt und in einem guten Licht präsentiert. Der Personaler ist daher im Bestfall nicht nur kompetent, sondern auch willens, Ihre Fragen zu beantworten, die Sie hoffentlich mitgebracht haben. Es ist keine Seltenheit, dass Ihnen im Gespräch auch Aufgaben gestellt werden, denn schließlich ist es sinnvoll, Sie auch „in Aktion" zu beobachten (vgl. „Einstellungstest"). Unterm Strich gewinnen Sie dadurch wiederum einen Einblick, wie Unternehmen in dem spezifischen Sektor arbeiten, denn wenn Sie sich Beispiel bei einem Beratungsunternehmen bewerben, werden einige Strukturen, Maßnahmen und Methoden der „Konkurrenz" ähnlich sein, wodurch Sie beim nächsten Mal besser vorbereitet sind.

Sie können sich Fachwissen aneignen
Basierend auf dem ersten Punkt betrifft dies bereits die Vorbereitung zu einem Gespräch – oder sogar die Phase vor dem eigentlichen Bewerbungsschreiben. Manche Unternehmen stellen zum Beispiel Branchenreporte und „Best Practice"-Beispiele zur Verfügung, mit denen Sie sich im Vorfeld befassen können, um optimal vorbereitet zu sein – dieses Wissen kann Ihnen keiner nehmen. So gibt es beispielsweise Gratis-Ratgeber zur „Wirkungsanalyse" sozialer Unternehmen oder diverse relevante Blogs und Reporte, die für Sie sinnvoll sein können. Sie können von solchen Ratgebern oftmals einiges lernen, was Sie auch im Nachhinein noch verwerten können.

Intensive Vorbereitung bedeutet Wissens- und Kompetenzerweiterung – und ist daher immer sinnvoll.

Sie lernen, mit Misserfolg umzugehen
Natürlich ist es wichtig, gut vorbereitet und mit dem richtigen Elan in einen Bewerbungsprozess einzusteigen, dennoch ist das Wissen um das mögliche Scheitern ein wichtiger Bestandteil. Erstens kann es Ihre Erwartungen (positiv) relativieren, wenn Sie den Markt realistisch einschätzen. Zweitens kann genau dieses Wissen auch den „Druck" rausnehmen.

Ich habe bereits darauf hingewiesen, dass es nicht sonderlich förderlich ist, wenn man einen Job „unbedingt" haben möchte und dies auch so kommuniziert, denn dadurch wirkt man eher verzweifelt und bittstellerisch als kompetent und engagiert. Sie lernen immer dazu, daher ist ein Bewerbungsprozess stets etwas Positives. Das optimale Ergebnis ist natürlich in der Regel ein Angebot seitens des Unternehmens, aber es gibt viele kleine „Teilerfolge", die in diesem Kapitel behandelt werden – machen Sie sich dies unbedingt klar.

Sich bewerben heißt immer, einen Schritt vorwärts zu gehen.

Sie erhalten wertvolles Feedback
Wenn sich ein Unternehmen nicht für Sie entschieden hat, kann das mehrere Gründe haben – versuchen Sie, diese herauszufinden. Vielleicht haben Sie einen Fehler gemacht oder Ihre eigene Einschätzung deckt sich nicht mit denen eines Unternehmens.

Es ist allerdings ebenso möglich, dass ein Unternehmen ein bestimmtes Profil sucht, das Sie schlichtweg nicht erfüllen. Dies ist natürlich eine wichtige Information, denn vielleicht möchten Sie dann ohnehin nicht in diesem Unternehmen – oder gar in dieser Branche – arbeiten. Bedenken Sie: Nur, weil jemand Sie nicht einstellen möchte, bedeutet das nicht, dass Sie „schlecht" sind oder jemand anders „besser", denn das sind *relative* Aussagen.

Es geht um *Kompatibilität*, und diese ist beidseitig einzuschätzen und zu bewerten, also Kopf hoch und Augen auf.

Kompatibilität zu einem Unternehmen ist immer zweiseitig – eine Geschäftsbeziehung ist daher nur dann sinnvoll, wenn man gegenseitig voneinander profitiert.

Sie „trainieren" Ihre „darstellerischen" Fähigkeiten Je mehr Bewerbungen Sie schreiben, je öfter Sie in Gesprächen sitzen, je intensiveres Feedback Sie erhalten, desto souveräner werden Sie mündlich und schriftlich auftreten. Dadurch können Sie Selbstvertrauen entwickeln, ein relevanter Faktor im Bewerbungsprozess, denn niemand glaubt an Sie, wenn Sie selbst an sich zweifeln.

Natürlich gilt es auch hier, den „schmalen Grat" zur Selbstüberschätzung zu kennen und zu vermeiden. Relevant ist ohnehin nicht nur, was Sie alles wissen oder können, sondern auch, wie lernfähig Sie sind und ob Sie sich in soziale und professionelle Strukturen integrieren können.

Sie werden in jedem Falle mehr und mehr verstehen, worauf es Unternehmen bei Bewerbern ankommt – und auch dieses Wissen kann Ihnen keiner nehmen, welches nicht nur für die nächsten Bewerbungsprozesse, sondern auch für den zukünftigen beruflichen „Alltag" wichtig sein wird. Es ist nämlich durchaus von Vorteil, vorsichtig gesprochen, wenn man weiß, was das Unternehmen, für das man arbeitet, eigentlich möchte.

Sie können Ihre „Vision" weiter entwickeln
Es ist möglich, dass Sie mit einer bestimmten Unternehmensstruktur schlichtweg nicht kompatibel sind, dass Sie sich den Job anders vorgestellt hätten, dass Ihnen bestimmte formale, professionelle oder soziale Qualifikationen fehlen. Dies gilt es in einem ersten Schritt zu erfahren, damit Sie in einem zweiten Schritt sich selber „überprüfen" können: Möchten Sie wirklich in dieser Branche tätig sein?

Sind Sie der Typ dafür? Es kann durchaus sein, dass Sie entweder sich selber oder die berufliche Realität falsch eingeschätzt oder „romantisiert" haben.

Umso besser, jetzt wissen Sie mehr und treffen bewusstere Entscheidungen. Gegebenenfalls bringt Sie das auch zur Weiterentwicklung Ihres personalisierten Jobprofils. Zu wissen, was man nicht möchte, ist eben auch ein Schritt zur Beantwortung der Frage, was man „eigentlich" möchte.

Wenn Sie wissen, was Sie wollen, können Sie sich entscheiden, ob Sie die nötigen Schritte tun, die zum Ziel führen.

Sie können Kontakte knüpfen und „auf dem Schirm" bleiben. Eine Absage hat in der Regel keine persönlichen Gründe, man bleibt also höflich und professionell. Vielleicht gibt es die Möglichkeit, dennoch in Kontakt zu bleiben, denn es kann ja durchaus sein, dass sich zukünftig etwas ergibt.

Vielleicht haben Sie sich bei einem Unternehmen auf eine bestimmte Position beworben, die anders besetzt wurde, aber eine andere Stelle, die möglicherweise bald frei wird, könnte eher zu Ihnen passen.

Natürlich sollte man sich auf solche „Zugeständnisse" nicht verlassen, aber aus Sicht des Unternehmens ist es natürlich besser, jemanden einzustellen, den man bereits kennt (in dem Fall: Sie), als den kompletten Bewerbungsprozess für eine neu zu besetzende Stelle wieder „aufzurollen". Vernetzen Sie sich also über *Xing* – man weiß nie, wie wertvoll bestimmte Kontakte noch sein können, denn sehr viele Jobs werden heutzutage über Netzwerke vergeben – profitieren Sie davon.

Zusammenfassung

Die wichtigsten Aussagen dieses Kapitels sind, dass es in jedem Falle sinnvoll ist, sich weiter zu bewerben, denn so bleiben Sie „im Training", setzen nicht alles auf eine Karte, schaffen sich eine gewisse Flexibilität und begegnen adäquat dem Umstand, dass es auch möglich ist, einen bestimmten Job nicht zu erhalten.

Darüber hinaus wurde darauf hingewiesen, dass Absagen auch etwas Positives haben können und man von diesen durchaus lernen kann. So ist es oftmals möglich, wertvolles Feedback zu erhalten, „woran es gelegen hat", wodurch man die Chance bekommt, weiter an sich zu arbeiten. Außerdem lernt man während des gesamten Bewerbungsprozesses etwas über die Branche, was man im weiteren Verlauf stets sinnvoll nutzen- bzw. beim nächsten Mal besser machen kann.

Ebenso ist es wichtig, *immer* im Positiven auseinanderzugehen, denn man weiß nie, welche Möglichkeiten sich in Zukunft noch ergeben können. Möglicherweise kann man seine eigene „Vision" aber auch variieren, weil man zum Beispiel durch Einstellungstests merkt, dass spezifische Strukturen, Strategien oder „Berufsrealitäten" nicht der eigenen Vorstellung entsprechen. So oder so – hinterher ist man immer schlauer als vorher und je weiter man in einem Prozess kommt, desto erfolgreicher war bzw. ist man damit.

Nach diesem kleinen „Ausflug" in die Welt der „Alternativen" möchte ich mich nun dem Szenario zuwenden, dass Ihr Bewerbungsgespräch erfolgreich verlaufen ist und man sich für Sie entschieden hat. Nun steht allerdings oft noch ein großes Thema im

Raum: die Gehaltsverhandlung. Auch darauf kann man sich – Sie haben es bereits geahnt – gut vorbereiten, um sich hier bestmöglich zu positionieren, um optimale Ergebnisse zu erzielen. Den Vorbereitungen und Strategien zum Thema „Gehaltsverhandlungen" ist das nächste Kapitel gewidmet.

9   Gehaltsverhandlungen

Bevor Sie einen neuen Job antreten, werden Sie zu einem bestimmten Zeitpunkt – früher oder später – erfahren, welches Gehalt (inklusive Zusatzleistungen etc.) Sie erhalten sollen. Es ist gut möglich, dass dies bereits aus der Stellenanzeige hervorgeht und Sie daher (möglicherweise) wenig Verhandlungsspielraum haben. Oftmals sind Gehälter auch fix gestaffelt oder per Tarifvertrag festgelegt – aber:

Es gibt viele Situationen, in denen Sie tatsächlich die Möglichkeit haben, über das Einstiegsgehalt zu verhandeln, da nicht wenige Unternehmen, gerade im privatwirtschaftlichen Sektor, hier einen gewissen Spielraum haben. So oder so – irgendwann kommt das Thema Gehalt auf und genau dann müssen Sie gut vorbereitet sein und einige Dinge im Vorfeld beachten:

Kennen Sie Ihren „Wert"

Wenn Sie beispielsweise gerade einen Karrierewechsel anstreben, dann geht das oftmals auch mit einer Gehaltssteigerung einher – in der Regel zwi-

schen 10 % und 20 %. Hier können Sie sich an Ihrem alten Job orientieren, welcher gleichzeitig ein gutes Argument darstellt, um Ihnen ein vergleichbares – oder besseres – Gehalt zu zahlen.
Außerdem sollten Sie sich hier auch über Sekundärquellen informieren, zum Beispiel Branchenbriefe, Zeitungsartikel, relevante Foren und Erfahrungsberichte.

Im Internet gibt es außerdem zahlreiche Verzeichnisse, die Durchschnittsgehälter für bestimmte Positionen bzw. bei bestimmten Unternehmen darstellen. Nehmen Sie sich für diese Suche unbedingt Zeit, fragen Sie Menschen, die in ähnlichen Positionen oder Unternehmen arbeiten oder gearbeitet haben. Recherchieren Sie unbedingt solange, bis Sie den Betrag bis auf eine minimale Varianz eingrenzen können, zum Beispiel 53.000 – 55.000 €.

Setzen Sie sich eine Mindestgrenze
Wenn Sie in komplett neues Feld wechseln, ist Ihr „altes" Gehalt nicht unbedingt maßgeblich für die neue Vergütung – das hängt zum Beispiel davon ab,

was Sie noch lernen müssen, um in der neuen Position erfolgreich zu sein. Je mehr Erfahrungen Sie sinnvoll begründen- und produktiv im neuen Job nutzen können, desto besser können Sie darstellen, wieso Sie eine bestimmte Kompensation erhalten sollten. Dennoch ist es absolut notwendig, sich nicht „unter Wert" zu verkaufen und sich eine Mindestgrenze zu setzen – denn immerhin scheint hier jemand bereit zu sein, Sie einzustellen.

Außerdem wirkt es wenig selbstbewusst, wenn Sie stark von Ihren ursprünglichen Gehaltsvorstellungen abweichen und sich zu sehr „herunterhandeln" lassen.

Bedenken Sie, dass Ihr Einstiegsgehalt maßgeblich beeinflusst, wie Sie sich in den nächsten Jahren finanziell entwickeln. Wenn Sie zum Beispiel bereit sind, auf 20 % Ihres alten Gehalts zu verzichten, kann das auch bedeuten, dass es vielleicht 3 Jahre dauert, bis Sie finanziell wieder auf Ihrem momentanen Stand sind.

Das Einstiegsgehalt ist nicht alles

Natürlich ist es wichtig, welches Einstiegsgehalt Ihnen zugesagt wird bzw. was Sie sich aushandeln. Achten Sie aber auch auf durchschnittliche Arbeitszeiten – wenn Sie zum Beispiel in einem größeren Beratungsunternehmen arbeiten, sind 12-Stunden-Tage oftmals keine Seltenheit. Damit sinkt wiederum der effektive Stundenlohn. Bedenken Sie auch Faktoren wie Reisen, Wochenendeinsätze und Vor- und Nachbearbeitung außerhalb der regulären Arbeitszeiten, zum Beispiel von Präsentationen. Schauen Sie sich immer das Gesamtpaket betrieblicher Kompensationen an: Diese können zum Beispiel einen Firmenwagen, zusätzliche betriebliche Altersvorsorgen, gestaffelte Gehaltsstufen etc. beinhalten.

Halten Sie sich bei den Gehaltsverhandlungen immer das „Gesamtpaket" von Aufwand und betrieblicher Kompensation vor Augen.

Die berufliche Karriere ist eher ein Marathon als ein Sprint – niemand hat etwas davon, wenn Sie nach drei Jahren völlig „ausbrennen", weil Sie entweder überarbeitet sind, sich in dem „falschen" Job quälen oder so wenig Freizeit haben, dass Sie Ihre Freunde und Familie nicht mehr zu Gesicht bekommen. Setzen Sie hier klare Prioritäten und überlegen Sie, was Sie *wirklich* möchten und ob Sie sich vorstellen können, auch in ein paar Jahren noch in einem bestimmten Unternehmen zu arbeiten. Falls dem so ist: Seien Sie engagiert, seien Sie bestimmt, was das Einstiegsgehalt angeht – und begründen Sie Ihre Wünsche mit messbaren Fakten.

Sammeln Sie Argumente

Zu einer guten Vorbereitung gehört auch, sich im Vorfeld darüber Gedanken zu machen, was (noch) alles für Sie spricht. So könnten relevante Branchenerfahrungen, Zusatzqualifikationen, spezifische Praktika oder Universitätsprojekte durchaus ein gutes Argument sein, um ein „angenehmes" Gehalt auszuhandeln. Natürlich handelt es sich hierbei um eine Gratwanderung, bei der Sie äußerst sensibel sein müssen.

Sinnvoll ist zum Beispiel, von bestimmten Durchschnittsgehältern in der Branche auszugehen und dann Ihre zusätzlichen Qualifikationen in die Verhandlungen mit einzubringen, um Ihren Wunsch zu begründen.

Setzen Sie Ihren ersten Vorschlag nicht zu niedrig an

Wenn Ihr Angebot direkt angenommen wird, bedeutet das in der Regel, dass Sie zu wenig verlangt haben. Besser ist es, ein wenig mehr als das, was Ihnen realistisch erscheint, zu nennen. Der Personaler wird Sie dann möglicherweise etwas „herunterhandeln". Das ist ein völlig normaler Vorgang. Gerade bei kleineren bis mittelgroßen Unternehmen kann man sich dies zunutze machen, wohingegen Gehälter bei vielen größeren Unternehmen – zumindest in Einstiegspositionen – oftmals reglementiert sind.

Zusammenfassung

Gehaltsverhandlungen können Bestandteil des Bewerbungsprozesses sein oder sich direkt an diesen anschließen. Um hier das Beste herauszuholen, müssen Sie die branchenüblichen Kompensationen kennen und im Bestfall mit Zusatzqualifikationen punkten, um mehr „einfordern" zu können.

Stellen Sie dar, inwiefern diese erweiterten Kenntnisse von einem zusätzlichen Nutzen für das Unternehmen sind und gehen Sie unbedingt selbstbewusst in die Verhandlungen. Wichtig ist abschließend, dass Sie lieber zu hoch als zu niedrig ansetzen, denn es ist eher unwahrscheinlich, dass Ihnen jemand 60.000 € anbietet, wenn Sie „nur" 50.000 € verlangen.

Wenn Sie auch diese Etappe erfolgreich gemeistert haben, werden Sie einen Eintrittstermin vereinbaren und Ihren neuen Job starten. Wie Sie sich dort verhalten können und was Sie beachten sollten, ist Gegenstand des nächsten Kapitels.

10 Der erste Arbeitstag

Es ist endlich geschafft – Sie haben einen Vertrag unterschrieben und treten zu einem vereinbarten Zeitpunkt die neue Stelle an. Der erste Eindruck prägt sehr stark, wie Sie von Ihren neuen Kollegen und Vorgesetzten wahrgenommen werden. Neben einem angemessenen Erscheinungsbild – hierzu fragen Sie am besten Personaler oder Sekretariat – ist die gute Vorbereitung entscheidend.

Sie sollten die Namen Ihrer Ansprechpartner kennen, das Hauptgeschäftsfeld des Unternehmens sowie weitere Daten – fragen Sie den Personaler, ob es Materialien zum Einlesen gibt, die Sie vorbereiten können. Das macht einen guten Eindruck und sorgt für einen optimalen Einstieg in das Unternehmen, denn Sie zeigen dadurch sowohl Ehrgeiz als auch Interesse an der Firmenkultur.

Die erste „Phase" dient dazu, möglichst viele Informationen zu sammeln – Sie haben den „Neulings-Bonus": Nutzen Sie diesen und fragen Sie nach!

Das Kennenlernen

Wenn Sie Ihre neuen Mitarbeiter, Kollegen und Vorgesetzte treffen, ist es wichtig, sehr achtsam zu sein. Merken Sie sich in jedem Fall die Namen – wiederholen Sie diese beim Vorstellen, das erhöht die Wahrscheinlichkeit, dass Sie in Zukunft unangenehme bzw. peinliche Situationen vermeiden. Vor allem sollten Sie freundlich sein, denn Sie sind der „Neue" und damit gewissermaßen in der „Bringschuld". Zeigen Sie sich von Ihrer besten Seite, seien Sie offen und erzählen Sie etwas von sich – bedenken Sie allerdings, dass Sie nicht mehr im Bewerbungsgespräch sind:

Sie können zwar gerne etwas über Ihren beruflichen Werdegang erzählen, aber übertreiben Sie es nicht. Im Zweifelsfall ist „Understatement" besser, denn Sie werden sich noch früh genug beweisen können bzw. müssen und am Anfang zu „prahlen", macht sich in keinem Falle gut – unabhängig von Ihrer Kompetenz. Wenn möglich, fragen Sie, ob man zum Beispiel mittags gemeinsam essen gehen kann. In ungezwungenen Situationen kann man einiges über das Unternehmen erfahren, was später wichtig sein kann, gerade in Bezug auf momentane Probleme, soziale Gebilde oder neue Trends und Entwicklungen.

Rundgang und Funktionen
In der Regel lernen Sie zu Beginn die einzelnen Räumlichkeiten und Büros kennen. Merken Sie sich, wo Ihre konkreten Ansprechpartner sitzen und stellen Sie sich jedem vor, dem Sie begegnen. Fragen Sie auch nach der Funktion der Räume, wenn diese nicht klar gegeben ist und erkundigen Sie sich nach „Formalia" oder weiteren Details: Müssen Räume gemietet werden? Wie richtet man einen Druckerzugang bzw. seine IT ein?

Sie sollten in jedem Falle von Anfang an einen guten Kontakt zum Sekretariat bzw. zur Büroverwaltung haben, die für diverse organisatorische Fragen zur Verfügung steht. Wenn Sie hier sympathisch sind, machen Sie sich das Leben um einiges leichter. Auch ist es wichtig, herauszufinden, wer in welchen Teams arbeitet, woran gerade gearbeitet wird bzw. wie der Arbeitsalltag strukturiert ist.

Finden Sie heraus, soviel Sie können und schreiben Sie sich unbedingt die Namen der wichtigsten Ansprechpartner und deren Funktion auf. Wenn Sie offen, aufmerksam, interessiert und sympathisch sind, haben Sie die besten Chancen auf einen produktiven und positiven Start in dem neuen Unternehmen – nutzen Sie daher diese „erste Phase", um sich von Ihrer besten Seite zu zeigen, um einen optimalen Einstieg zu gewährleisten.

11 Fazit

Egal, in welcher Phase eines Bewerbungsprozesses Sie sich gerade befinden, dieses Buch hilft Ihnen dabei, sich vorzubereiten, indem es die einzelnen Schritte analysiert, beschreibt und Ihnen nützliche Tipps und Tricks mit auf den Weg gibt. Zusammenfassend gibt es einige Faktoren, die in einem Bewerbungsprozess immer wichtig sind, unabhängig davon, in welcher Phase Sie sich gerade befinden.

➢ Sie sollten wissen, was Sie wollen
➢ Sie sollten wissen, was Sie können
➢ Sie sollten sich stets gut vorbereiten
➢ Sie sollten engagiert und interessiert sein
➢ Sie sollten einen Mehrwert bieten

Um dies alles zu gewährleisten, ist es wichtig, die hier beschriebenen Prozesse, angefangen von der Erstellung des „Jobprofils", zu durchwandern. Denn wenn Sie herausfinden, was Sie möchten, suchen Sie gezielter, haben mehr Freude, sind motivierter und auf einem vielversprechenden Weg. Wichtig ist es, ehrlich zu sich selber zu sein, gleichzeitig aber auch pragmatisch zu denken.

Wenn Sie unbedingt ein Surfgeschäft in der Karibik eröffnen möchten, kann das eine gute Idee sein. Haben Sie aber dazu weder Vorkenntnisse noch Finanzierungsmöglichkeiten, sollten Sie sich möglicherweise erst einmal damit beschäftigen, wie man ein Unternehmen eröffnet – und Sie sollten Spanisch lernen. Leben Sie schlichtweg nicht „nur" in der Zukunft und konzentrieren Sie sich immer auf die notwendigen, kleinen Schritte.

Haben Sie stets eine Vision von der Zukunft, aber leben und handeln Sie im Jetzt.

Strategisch zu denken und sich Schritt für Schritt wichtige Erkenntnisse, Qualifikationen oder Netzwerke zu erarbeiten, sind Teil Ihres Berufswegs. Ausdauer und Durchhaltevermögen sind für den beruflichen Erfolg absolut notwendig – denn man kann so gut wie alles lernen. Wenn die Motivation und die Richtung stimmen, wird man sich weiterentwickeln – dieses Buch möchte Sie auf diesem Weg ein Stück weit begleiten.

Sollten Sie Fragen zu Ihrer Bewerbung haben, können Sich mich unter d.lambert@hotmail.de kontaktieren. Gerne werde ich Ihnen mit Rat und Tat zur Seite stehen, zum Beispiel bei der beruflichen Orientierung oder der Erstellung und Überarbeitung von Bewerbungsunterlagen. Behalten Sie immer im Hinterkopf: Erst kommt das WAS, dann kommt das WIE. Wenn Sie wissen, *wohin* Sie wollen, haben Sie den Grundstein für Ihre berufliche Karriere gelegt. Für diesen Weg und Ihre persönliche und berufliche Entwicklung wünsche ich Ihnen alles Gute.

Ihr Dominique Lambert

12 Vorlagen

Im Folgenden sind ein paar Beispiele für Bewerbungen und Motivationsschreiben zur Orientierung hinterlegt. Lebensläufe sind bewusst nicht enthalten – hierzu gibt es bereits zahlreiche, teilweise sehr gute, Vorlagen im Internet, die Sie als Word-Datei direkt herunterladen können. Natürlich kann ich Ihnen aber auch gerne bei der Erstellung und Überarbeitung Ihres persönlichen Lebenslaufes helfen. Wenn Sie eine Online-Vorlage auswählen, achten Sie auf die hier genannten Regeln: Übersichtlichkeit, Relevanz, Struktur. Und hier kommen sie, die Beispielbewerbungen:

Key Account Manager bei einer gGmbH

Sehr geehrter Herr XXX,

die Motivation dieser Bewerbung zum Key Account Manager liegt in meiner Vision begründet, flächendeckend, messbar und wirksam eines der drängendsten sozialen Probleme in Deutschland, die Kinderarmut, abzuschaffen. Als kontaktstarker und

„emotionalisierender" Kommunikationstrainer, Sozialunternehmer und Gründungsberater arbeite ich seit mehreren Jahren an der Schnittstelle zwischen Vertrieb, Marketing und dem sozialen Sektor.

Nach meinem Bachelor in XXX habe ich als XXX und XXX für XXX diverse Vertriebsteams geschult, deren Einsatz koordinierend betreut und dadurch ein Spendenaufkommen in Höhe von XXX realisiert, bin also mit dem Konzept der Gewinnung von Förderern vertraut. Darüber hinaus konnte ich in XXX Fundraising-Kampagnen, in Kooperation mit XXX, für XXX und XXX konzipieren und umsetzen. Die erreichte Fördersumme dabei betrug XXX €. Daher bin ich mit der Praxis des Fundraising, vor allem mit den Instrumenten XXX und XXX, bestens vertraut – Fähigkeiten, die ich gerne gewinnbringend bei Ihnen einbringen möchte. Ebenso war ich für XXX und XXX verantwortlich, weshalb ich eine eigenständige und ergebnisorientierte Arbeitsweise in einer Führungsposition gewöhnt bin.

Durch meinen beruflichen Background, XXX und XXX kenne ich mich ebenso im „Innenleben" sozialer Organisationen gut aus. Ich bin daher ein pragmatischer Idealist mit weit reichenden Erfahrungen im Bereich der Spenden- und Partnergewinnung, dem Marketing und der strategischen Entwicklung sozialer Organisationen.

Zielgruppenorientierte, emotionalisierende und überzeugende Kommunikation ist dabei neben analytischer Weitsicht meine Schlüsselqualifikation. Daher fühle ich mich an der Schnittstelle zwischen Key Account Management und Partner-Akquise bestens aufgehoben.

[Name des Unternehmens] basiert auf der Grundidee der Integration kleiner, einfacher und nicht verpflichtender Geldspenden in den Alltag unserer Mitmenschen, ist daher vielseitig skalierbar und stellt meiner Meinung nach die Zukunft der Spendergewinnung dar. Gerne möchte ich Sie persönlich davon überzeugen, dass ich sowohl willens als auch geeignet bin, Teil dieser Bewegung zu sein und freue mich daher auf ein persönliches Gespräch.

Mit freundlichen Grüßen

XXX

(Nebenjob) als Schauspieler

Sehr geehrte(r) XXX,

Ihre Stellenanzeige hat mich absolut begeistert – als engagierte und erfahrene Schauspielerin bin ich momentan auf der Suche nach einem Studentenjob und bin dabei auf Sie gestoßen. Gerne würde ich in einem Berliner Theater für Sie tätig werden.

In meiner Freizeit bin ich selber seit etwa einem Jahr Darstellerin im [XXX] und habe hier sowohl vor- als auch „hinter den Kulissen" viele Erfahrungen gemacht, zum Beispiel im Auf- und Abbau, beim Einlass und der Platzierung der Gäste, aber auch an der Garderobe, im Ausschank und diversen anderen Bereichen, in denen man Theatergäste betreut. Dies hat mir stets viel Freude bereitet.

Ich bin ein freundlicher, offener und dynamischer Mensch, der immer ein Lächeln auf den Lippen hat und fühle mich im Kontext der XXX Theaterwelt sehr wohl. Aufgrund meiner Motivation und Vorerfahrung bin ich außerdem flexibel einsetzbar, sowohl inhaltlich als auch zeitlich: So wäre ich unter der Woche immer ab XX Uhr – und am Wochenende uneingeschränkt verfügbar.

Nach einigen Jahren als gelernte XXX habe ich im September ein Duales Studium der XXX begonnen und brauche daher einen Nebenjob – daher liegt es für mich nahe, mich dort zu bewerben, wo ich bereits diverse Vorerfahrungen gemacht habe und mich wohlfühle.

Ich würde mich sehr über die Chance freuen, Sie in einem persönlichen Gespräch von mir überzeugen zu können und stehe Ihnen bis dahin für Rückfragen jederzeit gerne zur Verfügung.

Mit den besten Grüßen

XXX

Bewerbung um einen Studienplatz

Sehr geehrte Frau XXX

hiermit bewerbe ich mich auf einen Studienplatz für das Duale Studium „XXX". Als fröhlicher, kommunikativer und künstlerisch aktiver Mensch wäre die Zusammenarbeit mit Kindern als Sozialpädagoge für mich sehr bereichernd. Daher möchte ich mich beruflich gerne in diese Richtung weiterentwickeln. Ein dualer Studiengang, der theoretische und praktische Inhalte direkt miteinander verknüpft, erscheint mir dafür besonders geeignet, da ich gerne meine Erfahrungen mithilfe des theoretischen Wissens, welches in der Hochschule vermittelt wird, ausbauen möchte.

Ich spiele leidenschaftlich gerne Theater und habe schon zu Schulzeiten einen Kurs „Darstellendes Spiel" belegt. Für mich ist Theaterspielen eine alternative Ausdrucksform, welche die Fähigkeiten der Selbst- und Fremddarstellung, Kommunikation und Empathie fördert sowie die Möglichkeit eröffnet, sich persönlich weiterzuentwickeln. Daher möchte ich gerne mit Kindern ein Theaterstück entwickeln, zum Beispiel auf Basis eines gelesenen Buches. Meiner Meinung nach kann man durch das Theaterspielen lernen, Emotionen zu verstehen und darzustellen, konstruktives Feedback zu geben, sich selbst einzuschätzen und auch mit Kritik und Konfliktsituationen besser umzugehen.

Als XXX im XXX habe ich mich als ordentliches Mitglied der Jugend- und Ausbildungsvertretung für die Interessen, Rechte und Pflichten der Auszubildenden eingesetzt und als Bindeglied zwischen Auszubildenden und Ausbildern aktiv Konfliktlösungen herbeigeführt. Hierin sehe ich eine deutliche Parallele zur Arbeit des Sozialpädagogen in der Ganztagsschule, der teilweise sicher vor ganz ähnlichen Herausforderungen steht. Durch mein Engagement für die „nächste Generation" konnte ich nicht nur meine kommunikativen Fähigkeiten entwickeln, sondern habe auch gelernt, in einem komplexen „sozialen Raum" zwischen verschiedenen Parteien zu vermitteln, ohne dabei individuelle Interessen zu vernachlässigen. Dadurch konnte ich meine Organisations- und Koordinationsfähigkeit sowie das

Vermögen, auch in komplexen Situationen den Überblick zu behalten, auf- und ausbauen.

Aufgrund meiner Leidenschaft, mich für andere Menschen einzusetzen und diese zu fördern, habe ich letztes Jahr drei Monate als Au-pair in einer Gastfamilie in XXX gelebt. Im täglichen Umgang mit den Kindern konnte ich deren Entwicklungsprozesse beobachten und gleichzeitig aktiv Einfluss auf diese nehmen.

So lag mein Fokus neben der Strukturierung des Alltags und der täglichen Hausaufgabenbetreuung auf der individuellen Förderung der einzelnen Talente und Leidenschaften der Kinder. Bildung und persönliche Entwicklung müssen meiner Ansicht nach zusammen gedacht- und umgesetzt werden, daher bin ich vom Konzept des Dualen Studiums in Kombination mit der Arbeit an der Ganztagsschule überzeugt.

Abschließend würde ich mich sehr freuen, das Duale Studium bei Ihnen absolvieren zu dürfen und bin für weitere Fragen und ein persönliches Gespräch gerne verfügbar.

Mit freundlichen Grüßen

XXX

Bewerbung um einen Studienplatz (englisch)

For a couple of reasons, the XXX program is tailored to me: Combining my interests, moral ambitions and abilities perfectly, it is the logical consequence of my personal career. Especially attractive is the combination of theoretical frameworks and actual projects. The study path deals with global social problems, accomplishing a wide analytical understanding of international interdependencies and concurrent causes of substantial social injustices, the global food crisis, water scarcity and other miseries; presenting economic solutions to these issues, working together with important figures and organizations.

During my former studies, I was the chairman of the student´s representative and the elected collegiate speaker for the major philosophy. Hence, I have experience in advising and consulting, as in representing student´s interests in the executive board of our institute, where I was a full-value board member. Thus I learned about mediating between different concerns. Our assignments in the board of management were the liable tuition fee investment, teaching staff employment and the assessment of registration rules for our BA and MA programs.

After graduating, I worked as a fundraiser for various famous NGO´s in Germany and Austria, f.e. the *WWF*, *amnesty international*, *s.o.s. children´s village*, *terre des hommes*, *doctors without borders* and *friends of the earth,* represented these organizations in public and convinced people of donating thereby. I collected over 500.000 € bounties myself. After that, I ran a fundraising - campaign, supervising forty employers. In so doing, I detained regular trainings and was responsible for donations of approximately 1.000.000 €.

Since last January, I have been working as recruitment-manager for the dialog-group in Germany and Austria, investing a budget of 30.000 €, employing two-hundred new employees, achieving donations of 3.500.000 €. I directly report to XXX, the CEO of the XXX, who is also my personal coach and counterpart for any concern - we talk consistently. Meanwhile I know many NGO-functionaries personally, with *friends of the earth* and *amnesty international*, (I support lots of urgent actions) I work together very closely.

I have far reaching entrepreneurial skills, which grew whilst my studies, and were cultivated due to my professional experience more deeply. Analytical and abstract thinking, arguing, detecting sweeping coherences, rhetoric and empathy are important soft-skills I also gained. Knowledge and proficiency compromise moral obligation of action, hence I agree with Karl Marx: "The philosophers have only interpreted the world in various ways; the point, however, is to change it." Therefore I have the idea of founding my own NGO one day – implementing my knowledge through creating my own aid projects mesmerizes me.

Another point of interest is the distribution of state development aid budget: Under what conditions is development aid useful? How can efficiency be maximized, where human dependency is minimized? Which projects or governments should be supported and why? What kinds of constraints are useful and necessary under which circumstances? What is fair allocation? Hence working for the UN or national governments is suggestive and desirable, since they have to face these questions.

As the mentioned issues are of global interest, international collaboration and multinational orientation are required: My father was born in Paris, I live in

Berlin and my best friends come from Egypt, Hungary and Ghana. I speak German, English and French, also started learning Spanish, Japanese and Mandarin. Having travelled through Europe lots of times and having been to China for four months teaching English and working in a social project, I built up a worldwide network of friends. What we have in common is the wish to exchanging culture, understanding differences, but furthermore recognizing commonality between distinct individuals and world-views. That´s why the HULT is a wonderful place to study: High academic standard meets an international and creative Think-Tank, right within one of the most important metropolises in the world: London has an amazing ancient culture, beautiful gardens, and world-famous theaters and is therefore a staggering place to live.

The MSE program would merge my experiences in general management, marketing, consulting, investment and help me gaining the expertise and contacts I need for the assembly of my purposes, because, like Gandhi said, you must be the change you wish to see in the world.

Bewerbung als Texter

Sehr geehrter Herr XXX,

seit über zwei Jahren bin ich als freiberuflicher Texter, Redakteur und Lektor tätig, mit speziellem Fokus auf Bewerbungsunterlagen, Businessplänen und wissenschaftlichen Arbeiten und würde Sie gerne beim Schreiben und Redigieren von Bewerbungen unterstützen.

Nach meinem erfolgreich abgeschlossenen Studium der Philosophie und Kommunikations- und Medienwissenschaften habe ich zweieinhalb Jahre im Marketing gearbeitet, zuletzt als Leiter der Recruitment-Abteilung. Das Sichten von Bewerbungsunterlagen sowie das Abhalten von Interviews waren Kernbestandteil meiner Arbeit – ich kenne daher den „Blick des Personalers".

Während meines Masters an der Hult International Business School in London habe ich außerdem einen einjährigen Aufbaukurs „Career Coaching" besucht – mit den „Eckpfeilern" CV-Erstellung, Verfassen von Bewerbungsschreiben, strategische Jobsuche sowie dem „Elevator-Pitch". Seit meinem erfolgreichen Abschluss im Jahr 2012 unterstütze ich junge Menschen in ihrer beruflichen Entwicklung. In dieser Funktion decke ich folgende „Wertschöpfungskette" ab:

- Berufliche Orientierung & Profilbildung
- Strategische Informationsbeschaffung & Weiterbildung
- Verfassen von Bewerbungsunterlagen

- Kommunikationstraining für Vorstellungsgespräche

Im letzten Jahr habe ich meine diesbezüglichen Einschätzungen und Erfahrungen in einem Buch zusammengetragen, welches außerdem diverse Vorlagen beinhaltet und im April publiziert wird. Gerne würde ich mich mit Ihnen unterhalten, um Möglichkeiten einer Kooperation auszuloten. Ich freue mich auf Ihre Rückmeldung.

Mit den besten Grüßen

XXX